Immagini Images
del Novecento italiano Twentieth century

Immagini
del Novecento italiano

PIETRO FRASSICA
PRINCETON UNIVERSITY

GIOVANNI PACCHIANO
PRESIDE, ISTITUTO AGNESI (MILANO)

CAROLYN SPRINGER
STANFORD UNIVERSITY

MACMILLAN PUBLISHING COMPANY
NEW YORK

Copyright © 1987, Macmillan Publishing Company, a division of Macmillan, Inc.

PRINTED IN THE UNITED STATES OF AMERICA

Macmillan Publishing Company
866 Third Avenue, New York, New York 1022

LIBRARY OF CONGRESS CATALOGING-IN-PUBLICATION DATA

Frassica, Pietro.
  Immagini del Novecento italiano.

    1. Italian language — Readers.   2. Italian literature —
20th century.   3. Italy — Civilization — 20th century.
I. Pacchiano, Giovanni.   II. Springer, Carolyn.
III. Title.
PC1117.F7   1986   458.6'421   86-2810
ISBN 0-02-339280-0

Printing: 1 2 3 4 5 6 7 8   Year: 7 8 9 0 1 2 3 4 5 6

ISBN 0-02-339280-0

ACKNOWLEDGMENTS

Anvil Press Ltd. and Schocken Books Inc. SALVATORE QUASIMODO, "Ora che sale il giorno" and "Alle fronde dei salici," from *Salvatore Quasimodo Complete Poems,* translated by Jack Bevan, published by Anvil Press Poetry, London, and Schocken Books, New York, 1983. Reprinted by permission of Anvil Press Poetry Ltd.

Bompiani, Gruppo Editoriale Fabbri S.p.A. CORRADO ALVARO, "La casa dei nonni," from *L'amata alla finestra.* Reprinted by permission of Bompiani, Gruppo Editoriale Fabbri S.p.A. VITALIANO BRANCATI, "Senza divisa," from *Sogni di un valzer e altri racconti;* "Mah!" from *Don Giovanni in Sicilia.* Reprinted by permission of Bompiani, Gruppo Editoriale Fabbri S.p.A. UMBERTO ECO, "Biblioteca come labirinto," from *Il nome della rosa.* © 1980. Reprinted by permission of Bompiani, Gruppo Editoriale Fabbri S.p.A. ALBERTO MORAVIA, "L'avaro," from *I Racconti 1927–1951.* © 1952 Gruppo Editoriale Fabbri, Bompiani, Sonzogno, Etas S.p.A. Reprinted by permission. ALBERTO MORAVIA, "L'uomo, fine supremo," from *L'uomo come fine.* © 1962. Reprinted by permission of Bompiani, Gruppo Editoriale Fabbri S.p.A. ELIO VITTORINI, "La casa delle formiche," from *Americana.* Reprinted by permission of Bompiani, Gruppo Editoriale Fabbri S.p.A. CESARE ZAVATTINI, "I poveri sono matti," from *I poveri sono matti.* © 1937 Gruppo Editoriale Fabbri, Bompiani, Sonzogno, Etas S.p.A. Reprinted by permission.

Borgo San Dalmazzo. GIORGIO BOCCA, "Combattere sulla neve," from *Partigiani delle montagne.* © 1945. Reprinted by permission of Borgo San Dalmazzo.

Corriere della Sera. PIER PAOLO PASOLINI, "Un anacronismo," from *Corriere della Sera,* Aug. 1, 1975.

dall'Oglio editore-S.r.l. ITALO SVEVO, "La richiesta di matrimonio" and "Ci sarà un'esplosione enorme che nessuno udrà," from *La coscienza di Zeno.* © 1923. Reprinted by permission of dall'Oglio editore, Milano.

Avv. Francione. CARLO EMILIO GADDA, Diario di bordo," from *La madonna dei Filosofi.* © 1931. Reprinted by permission of Avv. Francione.

Giulio Einaudi Editore S.p.A. ITALO CALVINO, "Il bosco sull'autostrada," from *Racconti.* Reprinted by permission of Giulio Einaudi Editore S.p.A. PRIMO LEVI, "La selezione," from *Se questo è un uomo.* © 1947. Reprinted by permission of Giulio Einaudi Editore S.p.A. ELSA MORANTE, "Bella." from *La storia.* © 1974. Reprinted by permission of Giulio Einaudi Editore S.p.A. PIER PAOLO PASOLINI, "La morte di Marcello," from *Ragazzi di vita.* © Giulio Einaudi Editore, 1979. Reprinted by permission. CESARE PAVESE, "Incontro," from *Lavorare stanca.* © 1936. Reprinted by permission of Giulio Einaudi Editore S.p.A. "La Langa," from *Racconti.* Reprinted by permission of Giulio Einaudi Editore S.p.A. UMBERTO SAVA, "Trieste," "Ritratto della mia bambina," and "Milano," from *Il canzoniere.* © 1961. Reprinted by permission of Giulio Einaudi Editore S.p.A.

Giangiacomo Feltrinelli Editore S.p.A. GIUSEPPE TOMASI DI LAMPEDUSA, "Il ballo a palazzo Ponteleone," from *Il Gattopardo.* Giangiacomo Feltrinelli Editore, Milano, 1958. Reprinted by permission of Giangiacomo Feltrinelli Editore S.p.A.

Gina Lagorio. GINA LAGORIO, "Madri," from *Il polline*. © 1966. Reprinted by permission of Gina Lagorio.

Arnoldo Mondadori Editore S.p.A. GIORGIO BASSANI, "Il giardino dei Finzi-Contini," from *Il giardino dei Finzi-Contini*. © 1962. Reprinted by permission of Giorgio Bassani. PIERO CHIARA, "Viaggio inutile," from *Il piatto piange*. © 1962. Reprinted by permission of Arnoldo Mondadori Editore S.p.A. GABRIELE D'ANNUNZIO, "Il pazzo," from *Grotteschi e rabeschi*. Reprinted by permission of Fondazione "Il Vittoriale degli Italiani." LUIGI PIRANDELLO, "Mia moglie e il mio naso" from *Uno, nessuno e centomila;* "L'umorismo" from *Opere*. Reprinted by permission of Arnoldo Mondadori Editore S.p.A. VASCO PRATOLINI, "Il Quartiere," from *Il Quartiere*. © 1943. Reprinted by permission Arnoldo Mondadori Editore S.p.A. MARIO SOLDATI, "L'arrivo al mare," from *La verità sul caso Motta*. © 1937. Reprinted by permission of Arnoldo Mondadori Editore S.p.A. GIUSEPPE UNGARETTI, "Veglia," "Sono una creatura," "San Martino del Carso," and "Allegria di naufragi," from *L'allegria*. © 1919. Reprinted by permission of Arnoldo Mondadori Editore S.p.A. ELIO VITTORINI, "Nome e lagrime," from *Nome e lagrime*. © 1941. Reprinted by permission of Arnoldo Mondadori Editore S.p.A.

New Directions Publishing Corporation. EUGENIO MONTALE, "Il Fiore che ripete," from *Le occasioni;* "Al Saint James di parigi dovro chiedere" and "L'Arno a Rovezzano" from *Satura*. All from *New Poems*. Copyright © 1976 by New Directions Publishing Corporation. Reprinted by permission of New Directions Publishing Corporation.

Preface

❧

Twentieth-century Italian poetry and prose have long deserved their place among the great European literatures. Italy is more than the land of art, architecture, design, fashion, and film. Its prose spans a broad variety of genres, from the novel to the short story to the essay; its poetry has remained open to the influence of European avant-garde movements while at the same time preserving the originality of an introspective vein that is sentimental but never conventional, expressive and deeply sensitive to the nuances of language.

In assembling a group of texts to offer as an intermediate reader for American college students who have already completed a basic course in grammar, we have selected texts that are brief, effective, and concise, and therefore most appropriate for intermediate readers of Italian. We have also assembled passages illustrating the various phases of Italian culture and civilization. Consequently, we have presented the authors chronologically so that students might be able to see the general development of both prose and poetry.

This anthology is a voyage through the Italian twentieth century, exploring a variety of protagonists and situations that reflect the fundamental characteristics of the life and thought of modern Italy. The itinerary touches on certain painful historical episodes: World War I and World War II; emigration; the tragedy of Fascism; the experience of Italian Jews in Italy and in German concentration camps; the specter of poverty and hunger. Elsewhere, as in the noted historical novel by Umberto Eco, *Il nome della rosa (The Name of the Rose),* our itinerary moves backwards in time toward the intriguing world of the Middle Ages. In the masterpiece of Tomasi di Lampedusa, *The Leopard (Il gattopardo),* set in nineteenth-century Sicily, we see the last vestiges of a vanishing aristocracy that must make room for the new bourgeois society. In other selections, we turn toward the American cultural experience. Vittorini, for example, is presented not only as a writer but also as a translator of Saroyan, giving students the opportunity to read an American writer in Italian and to see how the literary experiences of one country can influence those of another. We have emphasized prose in this collection because of its greater ease of reading and broader range of subject matter. Nonetheless, we have also included brief samplings of the works of the greatest Italian poets of the twentieth century — Saba, Montale, Ungaretti, Quasimodo — together with one selection by Cesare Pavese, the Italian writer who in themes and modes of expression is closest to the great tradition of American realism.

Each author is introduced by a short biography. Because of the repetitive structures and terminologies used in these profiles, we have chosen to write them in Italian, so that they may serve as reading exercises for the students. Along with the summary in English that immediately follows each reading selection, these profiles should provide the background needed to guide students in their understanding of the text. Each passage is followed by questions — both factual and interpretative — to encourage discussion.

This collection is ideally suited to be used as a supplement to an intermediate language course. The instructors will find grammar review exercises when the material poses or effectively illustrates grammatical problems. The sentences used in the exercises are directly drawn from the passages. According to the variety of themes included in the passages, there will be one or more topics for written composition and discussion, which will encourage students to discuss their own related opinions and experiences.

The authors wish to express their thanks to Christopher Kleinhenz of the University of Wisconsin – Madison for his excellent suggestions in developing the manuscript and the Istituto Geografico De Agostini, Novara (Italy) for the illustrations.

Pietro Frassica
Giovanni Pacchiano
Carolyn Springer

Contents

x   Contents

Italo Svevo

(1861 – 1928)

Nacque nel 1861 a Trieste da famiglia ebraica per parte di madre. Il suo vero nome era Ettore Schmitz. Abbandonati gli studi superiori, si impiegò in una banca, dove lavorò per vent'anni; ma, dal 1899, entrò come socio nella ditta commerciale del suocero, assumendone in seguito la direzione. I suoi primi romanzi, di impronta naturalistica, *Una vita* (1892) e *Senilità* (1898), non ebbero, dapprima, alcun successo, tanto che Svevo interruppe l'attività di scrittore. Solo la pubblicazione di *La coscienza di Zeno,* nel 1923, gli diede una notorietà che s'è poi, via via, ingigantita nel tempo. Morto nel 1928 a Motta di Livenza (Treviso), per le conseguenze di un incidente d'auto, Svevo è oggi considerato uno dei maggiori narratori europei del Novecento, per la novità delle tecniche narrative e per la spregiudicatezza dell'analisi interiore dei personaggi. Vicino a Joyce, di cui fu amico durante il soggiorno triestino dello scrittore irlandese, per l'attenzione vivissima alla complessità degli strati e all'ambivalenza della psiche umana, Svevo fu uno tra i primi narratori del Novecento a introdurre nella letteratura la tematica della psicoanalisi. Oltre ai tre romanzi, già citati, vanno ricordati i racconti postumi *Una burla riuscita* (1928), *La novella del buon vecchio e della bella fanciulla* (1930), *Corto viaggio sentimentale* (1949), e un volume di *Commedie* (1960).

La richiesta di matrimonio

Mi guardai d'intorno[1] per trovare Augusta. Era uscita sul corridoio con un vassoio° sul quale non v'era che un bicchiere semivuoto contenente un calmante° per Anna. La seguii di corsa chiamandola per nome ed essa s'addossò alla parete° per aspettarmi. Mi misi a lei di faccia[2] e subito le dissi:

— Sentite, Augusta, volete che noi due ci sposiamo?

La proposta era veramente rude. Io dovevo sposare lei e lei me, ed io non domandavo quello ch'essa pensasse né pensavo potrebbe toccarmi[3] di essere io costretto di[4]

tray

mildly sedative herbal tea

she leaned against the wall

---

[1] **d'intorno**   archaic form for **intorno.**

[2] **a lei di faccia**   *opposite, in front of her.* It's an unusual construction; normally, one would say, "**di fronte a lei.**"

[3] **pensavo potrebbe toccarmi**   more properly, "**pensavo che avrebbe potuto toccarmi.**"

[4] **costretto di**   *obliged, forced to.* **Costretto a** is normally preferable to **costretto di.**

dare delle spiegazioni. Se non facevo altro che quello che tutti volevano!

Essa alzò gli occhi dilatati° dalla sorpresa. Cosí quello sbilenco° era anche piú differente del solito dall'altro. La sua faccia vellutata° e bianca, dapprima impallidí di più, eppoi subito si congestionò°. Afferrò° con la destra il bicchiere che ballava° sul vassoio. Con un filo di voce° mi disse: *wide-eyed / cross-eyed look / velvety/grew pale / she blushed/she grabbed / was rocking/a very soft voice*

— Voi scherzate e ciò è male.

Temetti si mettesse a piangere ed ebbi la curiosa idea di consolarla dicendole della mia tristezza.

— Io non scherzo, — dissi serio e triste. — Domandai dapprima la sua mano ad Ada che me la rifiutò con ira, poi domandai ad Alberta di sposarmi ed essa, con belle parole, vi si rifiutò anch'essa. Non serbo rancore[5] né all'una né all'altra. Solo mi sento molto, ma molto infelice.

Dinanzi al mio dolore essa si ricompose° e si mise a guardarmi commossa, riflettendo intensamente. Il suo sguardo somigliava ad una carezza che non mi faceva piacere. *she collected herself, grew calm.*

— Io devo dunque sapere e ricordare che voi non mi amate? — domandò.

Che cosa significava questa frase sibillina°? Preludiava° ad un consenso? Voleva ricordare! Ricordare per tutta la vita da trascorrersi° con me? Ebbi il sentimento di chi per ammazzarsi° si sia messo in una posizione pericolosa ed ora sia costretto a faticare° per salvarsi. Non sarebbe stato meglio che anche Augusta m'avesse rifiutato e che mi fosse stato concesso di ritornare sano e salvo° nel mio studiolo nel quale neppure quel giorno stesso m'era sentito troppo male? Le dissi: *enigmatic / was it the sign of . . . ? / spend / kill himself / struggle / safe and sound*

— Sí! Io non amo che Ada e sposerei ora voi...

Stavo per dirle che non potevo rassegnarmi° di divenire un estraneo° per Ada e che per ciò mi contentavo° di divenirle cognato°. Sarebbe stato un eccesso, ed Augusta avrebbe di nuovo potuto credere che volessi dileggiarla°. Perciò dissi soltanto: *resign myself / stranger/(mi accontentavo di) I was satisfied with/brother-in-law / make fun of her*

— Io non so piú rassegnarmi di restar solo.

Essa rimaneva tuttavia° poggiata alla parete° del cui sostegno° forse sentiva il bisogno; però pareva piú calma ed il vassoio era ora tenuto da una sola mano. Ero salvo e cioè dovevo abbandonare quel salotto, o potevo restarci e dovevo sposarmi? Dissi delle altre parole, solo perché impaziente di aspettare le sue che non volevano venire: *still/(appoggiata alla parete) leaning against the wall/support*

---

[5] **Non serbo rancore** *I bear no resentment.* **Serbo** is an archaic form for **conservo**.

—Io sono un buon diavolo° e credo che con me si
possa vivere facilmente anche senza che ci sia un grande
amore.

a good man (idiom)

(From *La coscienza di Zeno*)

This passage comes from La coscienza di Zeno, *a novel about the life of a merchant of Trieste, Zeno Cosi. To cure his chronic apathy and depression, Zeno consults a psychiatrist who advises him to write an account of the most important events of his life. Among them is his marriage. Zeno is in love with Ada, the oldest of three sisters in the Malfenti family, but she refuses him. He makes an identical proposal to Alberta, the second sister, but she, too, refuses him. At this point, Zeno turns his attentions to Augusta, who of the three sisters is the one he likes the least but who is secretly in love with him. He asks her to marry him, and Augusta happily accepts.*

Esercizi

A. Domande.

1. Che cos'ha in mano Augusta?
2. Che cosa fa Zeno per attirare la sua attenzione?
3. Che cosa le propone?
4. Come reagisce Augusta?
5. Quali spiegazioni le dà Zeno per giustificare la sua richiesta?
6. Che cosa gli dice nuovamente Augusta?
7. Qual è il sentimento di Zeno a questo punto?
8. Che cosa fa a meno di dire ad Augusta?
9. Su quale motivo insiste per giustificare la sua richiesta di matrimonio?
10. Qual è l'atteggiamento finale di Augusta?
11. Qual è il discorso conclusivo di Zeno?
12. Pensate che la decisione di Zeno di sposare Augusta sia saggia?

B. Trasformate il passato prossimo delle frasi seguenti in passato remoto.

ESEMPIO: Mi (sono guardato) _____ d'intorno per trovare
Augusta, ma lei era già uscita.
Mi guardai d'intorno per trovare Augusta, ma lei era già uscita.

1. (L'ho seguita) _____ mentre andava in cucina.
2. Mentre stava addossata alla parete, io le (ho chiesto)
_____ di sposarmi.
3. (Ho fatto) _____ quello che gli altri volevano.
4. (Ha afferrato) _____ il bicchiere che ballava sul vassoio.
5. Mentre alzava gli occhi dilatati dalla sorpresa, mi (ha detto)
_____ di non scherzare.
6. Da come mi guardava, (ho capito) _____ che stava
riflettendo intensamente.
7. Mi (ha domandato) _____ se l'amavo.

8. Le (ho detto) _____ che amavo Ada.
9. (È rimasta) _____ poggiata alla parete, perché forse ne aveva bisogno.
10. (Ho aspettato) _____ con impazienza le sue parole che non volevano venire.

C. Argomenti per lo scritto e la conversazione.

   1. Uno dei temi principali del romanzo è il trattamento psicanalitico a cui si sottopone Zeno. Emerge un procedimento psicanalitico nella maniera di raccontare e di interrogarsi?
   2. Che cosa ne pensi della psicanalisi?

Ci sarà un'esplosione enorme che nessuno udrà

La vita attuale° è inquinata alle radici[1]. L'uomo s'è messo al posto degli alberi e delle bestie ed ha inquinata° l'aria, ha impedito° il libero spazio. Può avvenire di peggio. Il triste e attivo animale[2] potrebbe scoprire e mettere al proprio servizio delle altre forze.° V'è una minaccia° di questo genere in aria. Ne seguirà° una grande ricchezza... nel numero degli uomini. Ogni metro quadrato sarà occupato da un uomo. Chi ci guarirà della mancanza di aria e di spazio? Solamente al pensarci soffoco!

Ma non è questo, non è questo soltanto.

Qualunque sforzo° di darci la salute° è vano. Questa non può appartenere° che alla bestia che conosce un solo progresso, quello del proprio organismo. Allorché° la rondinella° comprese che per essa non c'era altra possibile vita fuori dell'emigrazione, essa ingrossò il muscolo che muove le sue ali e che divenne la parte più considerevole del suo organismo. La talpa° s'interrò° e tutto il suo corpo si conformò al suo bisogno. Il cavallo s'ingrandì e trasformò il suo piede. Di alcuni animali non sappiamo il progresso, ma ci sarà stato e non avrà mai leso° la loro salute.

Ma l'occhialuto° uomo, invece, inventa gli ordigni° fuori del suo corpo e se c'è stata salute e nobiltà in chi li inventò, quasi sempre manca in chi li usa. Gli ordigni si

present-day
contaminated
obstructed

energies (of nature)
threat/the result will be

attempt/health
belong
when
swallow
except for

mole/burrowed into the earth

harmed

bespectacled/devices, weapons

---

[1] **alle radici**   literally, *"to the roots"; to the core.*
[2] **il triste e attivo animale**   man. "Sad" because ruled by feelings of hatred; "active" because he spends so much energy doing harm to his fellow men.

comperano, si vendono e si rubano e l'uomo diventa sempre piú furbo e piú debole. Anzi si capisce che la sua furbizia cresce in proporzione della sua debolezza. I primi suoi ordigni parevano prolungazioni del suo braccio e non potevano essere efficaci che per la forza dello stesso, ma ormai, l'ordigno non ha piú alcuna relazione con l'arto°. Ed è l'ordigno che crea la malattia con l'abbandono della legge che fu su tutta la terra la creatrice.— La legge del piú forte sparí° e perdemmo la selezione salutare[3]. Altro che psico-analisi ci vorrebbe°: sotto la legge del possessore del maggior numero di ordigni prospereranno malattie e ammalati.

limb (here, the arm)

disappeared

We need far more than psychoanalysis.

Forse traverso° una catastrofe inaudita° prodotta dagli ordigni ritorneremo alla salute. Quando i gas velenosi° non basteranno piú, un uomo fatto come tutti gli altri, nel segreto di una stanza di questo mondo, inventerà un esplosivo incomparabile, in confronto al quale gli esplosivi attualmente esistenti saranno considerati quali innocui giocattoli. Ed un altro uomo fatto anche lui come tutti gli altri, ma degli altri un po' piú ammalato, ruberà tale esplosivo e s'arrampicherà° al centro della terra per porlo° nel punto ove° il suo effetto potrà essere il massimo. Ci sarà un'esplosione enorme che nessuno udrà° e la terra ritornata alla forma di nebulosa° errerà° nei cieli priva di parassiti e di malattie.

attraverso/*unprecedented, unheard-of/poisonous*

he will climb

place it/**dove**

udrà/*nebula, star cluster*

will wander

(From *La coscienza di Zeno*)

La coscienza di Zeno ends with an apocalyptic prediction. Zeno thinks that there is an incurable illness in man and that one day someone even more depraved than the rest will invent a weapon of unprecedented power that will destroy the entire human race. Zeno makes this prediction during World War I.

Esercizi

A. Domande.

1. Com'è la vita attuale?
2. Quali disastri ha commesso l'uomo?
3. Quale minaccia è imminente?
4. Che cosa ne conseguirà?
5. In che cosa consiste il progresso per gli animali?
6. C'è un progresso per l'uomo?
7. Come cresce la sua furbizia?
8. Da che cosa è creata la malattia dell'uomo?

---

[3] **la selezione salutare**   *natural selection.* The allusion is to Darwin's theory of evolution.

9. Esiste ancora una legge del piú forte?
10. Qual è la legge che vige attualmente?
11. Come potremo recuperare la salute?
12. Che cosa succederà quando i gas velenosi non basteranno piú?
13. Che cosa farà l'uomo piú ammalato di tutti gli altri?
14. Dove andrà a finire la terra?
15. Siete d'accordo con la morale apocalittica espressa dal narratore?

B. Usate ciascuna delle seguenti espressioni per formare altrettante frasi.

1. al posto degli
2. ne seguirà
3. al pensarci
4. quasi sempre
5. in confronto

C. Argomenti per lo scritto e la conversazione.

1. Gli ordigni nucleari. Loro utilità e loro pericolo.
2. Quando Svevo pubblicò il romanzo, nel 1923, non era ancora cominciata l'era atomica. Qual era la situazione degli armamenti dopo la prima guerra mondiale? Come avvenivano le guerre?

Gabriele d'Annunzio

 (1863 – 1938)

Poeta, narratore, drammaturgo, giornalista; nato a Pescara nel 1863, fu la figura piú nota della letteratura italiana del Decadentismo. Stabilitosi a Roma (1881), divenne ben presto personaggio di rilievo della vita mondana, e s'impose come romanziere con *Il piacere* (1889), *L'innocente* (1892), *Il fuoco* (1900). Già nell'adolescenza s'era provato a scriver poesie, raccolte in *Primo vere* (1879) e *Canto novo* (1882), ma la sua maturità di lirico raffinato e sensitivo venne raggiunta con i quattro volumi di versi (conosciuti con il titolo generale di *Laudi*) *Maia, Elettra, Alcyone* e *Merope,* pubblicati fra il 1903 e il 1912. Il suo temperamento inquieto, poliedrico, perennemente assetato di successo, lo spinse anche a cimentarsi con la produzione teatrale (*Francesca da Rimini,* 1901; *La figlia di Iorio,* 1904; *La fiaccola sotto il moggio,* 1905; *La nave,* 1908), a cui fu stimolato anche dall'unione con la piú grande attrice italiana dell'epoca, Eleonora Duse. Alla fama di letterato si aggiunse anche quella di combattente e uomo politico: combatté infatti nella prima guerra mondiale, e prese parte ad alcune clamorose imprese, tra cui il volo su Vienna (9 agosto 1918), col lancio di manifestini tricolori sulla città nemica. Nel 1920 si ritirò in una villa sul lago di Garda, il Vittoriale, e vi rimase fino alla morte (1938): di questo ultimo periodo rimangono alcune opere in prosa autobiografiche, capolavori di eleganza stilistica e di raffinata introspezione psicologica, *Il notturno* (1921), *Le faville del maglio* (1928), *Le cento e cento e cento e cento pagine del libro segreto di Gabriele d'Annunzio tentato di morire* (1935).

Il pazzo

C'era un contadino° che allevava° con molte cure un porco. Essendo l'animale divenuto grosso come un bue°, il porcaro° volle condurlo alla fiera per venderlo.

La gente, meravigliata alla enormità del porco, si accalcava° intorno e chiedeva il prezzo. Pensò l'uomo: «Io non voglio per questo porco farmi dei nemici. Voglio invece far contenti tutti».

Venne un compratore e domandò:

—Quanto?

—Otto ducati[1].

farmer, peasant/raised

ox/swineherd

crowded

---

[1] **ducati** ancient coins of the kingdom of Naples.

—Va bene. Ecco gli otto ducati. Me lo consegnerai°   *bring, deliver*
domani.

Venne un altro:

—Quanto?

—Otto ducati.

—Va bene. Ecco gli otto ducati. Me lo consegnerai
domani.

Venne un altro, e poi un altro; poi moltissimi ancora
vennero. E tutti il porcaro ingannò°. La mattina se-   *tricked*
guente, costui° doveva consegnare il porco. Pensava: «E   *he*
quando verrà tutta quella gente a prendersi il porco, io
che farò? Sarò ucciso di certo».

Chiuse il porco nella stalla e andò per consiglio° da un   *counsel, advice*
avvocato°. Gli disse l'avvocato: *lawyer*

—Se mi darai metà del porco, io ti darò il consiglio.

—Ooh!—gli rispose il porcaro. Ma non potè fare a   *he couldn't help*
meno di° promettergli la metà, dopo molte esitazioni.

Parlò l'avvocato:

—Quando tutta quella gente sarà riunita alla tua casa
e vorrà il porco, tu mostrerai d'esser pazzo e comincerai
a dire: «Che volete? Il porco? I denari? E che so io del
porco? E che so io dei denari? Ciffe, ciaffe, ciffe, ciaffe,
gniffe, gnaffe[2]».

Il porcaro fece appunto° cosí.   *exactly*

I compratori andarono anch'essi dall'avvocato per
consiglio. L'avvocato sentenziò:

—Avete torto. Non sapete che colui è un pazzo? Quie-
tatevi.

I compratori se ne andarono, quietati.

La mattina seguente, l'avvocato aspettava la metà del
porco. Ma come° il porcaro non si vedeva, egli mandò   *since*
qualcuno in cerca di lui.

—E la promessa. L'hai dimenticata?

Il porcaro rispose:

—Signore, che volete? Mezzo porco? E che so io del
porco? Ciffe, ciaffe, ciffe, ciaffe, gniffe, gnaffe!— E voltò
le spalle°.   *he turned his back, left*

Il povero avvocato rimase con la bocca aperta senza
parlare, poiché aveva la coda di paglia[3].

(From *Grotteschi e rabeschi*)

*A farmer tries to sell his pig to many people at the same time and has each
person pay in advance the sum agreed upon with the understanding that he*

[2] **Ciffe, ciaffe, ... gnaffe** nonsense words.

[3] **aveva la coda di paglia** *He got a taste of his own medicine.* The lawyer has a "tail of
straw" because he can't criticize the farmer for following the advice he gave him.

*will deliver the pig the next day. To get himself out of this predicament, the
farmer consults a lawyer, who advises him to pretend to be insane. The
strategy enables the farmer not only to get rid of his customers but also to cheat
the lawyer, who becomes a victim of his own dishonest advice.*

Esercizi

A. Domande
    1. Quali animali alleva il contadino?
    2. Perché il contadino conduce il porco alla fiera?
    3. Perché il contadino promette a tutti il porco?
    4. Qual è il prezzo del porco?
    5. Perché il contadino va dall'avvocato?
    6. Cosa chiede l'avvocato in cambio del consiglio?
    7. Cosa fanno i compratori quando il contadino rifiuta di dar loro il porco?
    8. Secondo l'avvocato i compratori hanno torto o ragione?
    9. Cosa risponde il contadino quando l'avvocato gli ricorda la promessa fatta?
    10. Perché alla fine l'avvocato rimane a bocca aperta?

B. Sostituite al passato remoto il passato prossimo, secondo l'esempio.
    ESEMPIO: Volle qualcosa?
            Non ha voluto niente.
    1. Domandò qualcosa?
    2. Chiese qualcosa?
    3. Disse qualcosa?
    4. Rispose qualcosa?
    5. Fece qualcosa?
    6. Sentenziò qualcosa?
    7. Mandò qualcosa?
    8. Comprò qualcosa?

C. Usate ciascuna delle seguenti espressioni per formare altrettante frasi,
facendo — quando è necessario — le dovute trasformazioni del verbo.
    1. fare contenti tutti
    2. fare a meno di
    3. dopo molte esitazioni
    4. rimanere a bocca aperta
    5. avere la coda di paglia

D. Argomento per lo scritto e la conversazione.
Descrivete una visita (vera o immaginaria) ad una fiera.

La visita di Elena

L'orologio della Trinità de' Monti[1] suonò le tre e mezzo.
Mancava mezz'ora. Andrea Sperelli si levò° dal divano° · *got up*
dov'era disteso° e andò ad aprire una delle finestre; poi · *stretched out*
diede alcuni passi° nell'appartamento; poi aprì un libro, · *took a few steps, wandered*
ne lesse qualche riga, lo richiuse; poi cercò in torno° · *restlessly/**intorno***
qualche cosa, con lo sguardo dubitante. L'ansia
dell'aspettazione lo pungeva°, così acutamente ch'egli · *stung, wounded*
aveva bisogno di muoversi, di operare, di distrarre la
pena interna con un atto materiale. Si chinò verso il · *he leaned down toward the*
caminetto°, prese le molle° per ravvivare il fuoco, mise · *fireplace/firetongs*
sul mucchio ardente° un nuovo pezzo di ginepro[2]. Il · *burning heap*
mucchio crollò°, i carboni sfavillando rotolarono fin su · *collapsed/the flashing*
la lamina di metallo° che proteggeva il tappeto; la · *embers rolled up to the*
fiamma si divise in tante piccole lingue azzurrognole° · *metal plate/bluish*
che sparivano e riapparivano; i tizzi fumigarono°. · *the logs gave out smoke*

Allora sorse° nello spirito dell'aspettante un ricordo. · *arose*
Proprio innanzi a quel caminetto Elena[3] un tempo
amava indugiare°, prima di rivestirsi, dopo un'ora d'in- · *linger*
timità. Ella aveva molt'arte nell'accumular gran pezzi di
legno su gli' alari°. Prendeva le molle pesanti con ambo · **sugli**/*andirons/both*
le° mani e rovesciava° un po' indietro il capo ad evitar le° · *turned*
faville°. Il suo corpo sul tappeto, nell'atto un po' fati- · *sparks*
coso, per i movimenti de' muscoli e per l'ondeggiar delle
ombre° pareva sorridere da tutte le giunture, da tutte le · *the movement of the*
pieghe, da tutti i cavi°, suffuso d'un pallor d'ambra che · *shadows/from all joints,*
richiamava al pensiero la Danae del Correggio[4]. Ed ella · *folds, hollows*
aveva a punto le estremità un po' correggesche, le mani e
i piedi piccoli e pieghevoli°, quasi direi arborei° come · *flexible, supple/treelike*
nelle statue di Dafne[5] in sul principio primissimo della
metamorfosi favoleggiata.

A pena ella aveva compiuta l'opera, le legna confla-

---

[1] **Trinità de' Monti**   church at the top of the Spanish Steps in Rome.

[2] **ginepro**   *juniper,* a fragrant type of wood. Note the minute attention to details throughout this passage.

[3] **Elena**   even the name seems to have been chosen deliberately for its mythological associations: the Helen of Greek mythology was renowned for her beauty.

[4] **la Danae del Correggio**   this famous sixteenth-century painting is housed in the Borghese Gallery in Rome, not far from Andrea Sperelli's rooms on the Piazza di Spagna.

[5] **Dafne**   the most obvious reference is to Bernini's statue of Apollo and Daphne, also in the Borghese Gallery. Daphne is represented at the moment when Apollo overtakes her and Jupiter transforms her into a tree so that she may escape Apollo's advances.

Roma. Piazza di Spagna. (Courtesy Archivio I.G.D.A., Milano.)

gravano e rendevano un sùbito bagliore[6]. Nella stanza
quel caldo lume rossastro e il gelato crepuscolo en-   *cold twilight,*
trànte pe' vetri lottavano qualche tempo. L'odore del   *windowpanes/struggled*
ginepro arso dava al capo uno stordimento leggero.   *against each other/*
Elena pareva presa da una specie di follia infantile, alla   *burned/confusion*
vista della vampa. Aveva l'abitudine, un po' crudele, di   *flame*
sfogliar sul tappeto tutti i fiori ch'eran ne' vasi, alla
fine d'ogni convegno d'amore. Quando tornava nella   *love tryst, rendezvous*
stanza, dopo essersi vestita, mettendosi i guanti o chiu-   *gloves*

[6] **sùbito bagliore**   *sudden glow.* The adverb **sùbito** is used as an adjective here.

Correggio (1494–1534). La Danae. Roma, Galleria Borghese. (Courtesy Archivio I.G.D.A., Milano.)

dendo un fermaglio° sorrideva in mezzo a quella devas-   clasp
tazione; e nulla eguagliava la grazia dell'atto che ogni
volta ella faceva sollevando° un poco la gonna ed avan-   lifting
zando prima un piede e poi l'altro perché l'amante
chino° legasse i nastri° della scarpa ancora disciolti.   bent, kneeling/laces
 Il luogo° non era quasi in nulla mutato. Da tutte le   place
cose che Elena aveva guardate o toccate sorgevano i   a throng of memories arose
ricordi in folla° e le imagini del tempo lontano rivive-
vano tumultuariamente. Dopo circa due anni, Elena
stava per rivarcar quella soglia°. Tra mezz'ora, certo,   cross that threshold again
ella sarebbe venuta, ella si sarebbe seduta in quella pol-
trona, togliendosi il velo° di su la faccia, un poco an-   removing her veil/breathless
sante°, come una volta; ed avrebbe parlato. Tutte le cose
avrebbero riudito° la voce di lei, forse anche il riso° di   heard again/laugh
lei, dopo due anni.
 Il giorno del gran commiato° fu a punto il venticinque   leave-taking, farewell
di marzo del mille ottocento ottanta cinque, fuori della

Porta Pia[7], in una carrozza°. La data era rimasta incan-
cellabile° nella memoria di Andrea. Egli ora, aspettando, poteva evocare tutti gli avvenimenti° di quel
giorno, con una lucidezza infallibile. La visione del paesaggio nomentano° gli si apriva d'innanzi ora in una luce
ideale, come uno di quei paesaggi sognati in cui le cose
paiono esser visibili di lontano per un irradiamento che
si prolunga dalle loro forme.[8]

    La carrozza chiusa scorreva° con un romore° eguale,
al trotto: le muraglie° delle antiche ville patrizie passavano d'innanzi agli sportelli°, biancastre, quasi oscil-
lanti, con un movimento continuo e dolce. Di tratto in
tratto° si presentava un gran cancello di ferro°, a traverso il quale vedevasi un sentiero fiancheggiato di alti
bussi[9], o un chiostro di verdura° abitato da statue latine,
o un lungo portico vegetale dove qua e là raggi° di sole
ridevano pallidamente.

    Elena taceva, avvolta nell'ampio mantello di lontra°,
con un velo su la faccia, con le mani chiuse nel camo-
scio°. Egli aspirava con delizia il sottile odore di eliotropio[10] esalante dalla pelliccia° preziosa, mentre sentiva
contro il suo braccio la forma del braccio di lei. Ambe-
due° si credevano lontani da gli° altri, soli; ma d'improvviso passava la carrozza nera d'un prelato; o un
buttero° a cavallo, o una torma di chierici violacei°, o
una mandra di bestiame°.

    A mezzo chilometro dal ponte ella disse:

    «Scendiamo.»

    Nella campagna la luce fredda e chiara pareva
un'acqua sorgiva°; e, come gli alberi al vento ondeggia-
vano°, pareva per un'illusion visuale che l'ondeggiamento si comunicasse a tutte le cose.

    Ella disse, stringendosi a lui° e vacillando sul terreno
aspro:

    «Io parto stasera. Questa è l'ultima volta...»

    Poi tacque°; poi di nuovo parlò, a intervalli, su la
necessità della partenza, su la necessità della rottura°,
con un accento pieno di tristezza. Il vento furioso le

Right margin glossary:

carriage/indelible

events
of Via Nomentana

*rolled along, glided/***rumore**
walls
windows (of the carriage)
from time to time
iron gate

green courtyard
rays

otter
chamois gloves

fur
both of them
dagli

cowherd/swarm of
violet-robed priests/herd
of cattle

spring water/swayed

pressing against him

she was silent
break

---

[7] **Porta Pia** one of the gates of Rome, designed by Michelangelo. It marks the beginning
of Via Nomentana, which leads to Mentana (formerly Nomentum).

[8] **irradiamento che si prolunga dalle loro forme** radiance that emanates from their forms.

[9] **sentiero fiancheggiato di alti bussi** path (normally, **sentiero**) lined with high boxwood
hedges (normally, **bossi**).

[10] **eliotropio** plant whose white flowers have a vanilla fragrance. The name means "that
which turns toward the sun." Note the exotic name and unusual perfume, typical of
D'Annunzio and other writers of the Decadent movement.

rapiva° le parole di su le labbra. Ella seguitava°. Egli   *stole/continued*
interruppe, prendendole la mano e con le dita cercando
tra i bottoni la carne del polso°:   *the flesh of her wrists*
 «Non piú! non piú!»

(From *Il piacere*)

These opening pages of Gabriele D'Annunzio's most famous novel, Il piacere *(1889), describe the mood of Andrea Sperelli, the protagonist, as he waits
in his house on the Piazza di Spagna, in Rome, for the arrival of his lover Elena,
whom he hasn't seen for two years. The portrayal of Andrea and of his
encounter with Elena is an admirable example of aestheticist prose. To evoke
an atmosphere of sensuality and elegance, the author uses a language rich in
archaic, rare, and elaborate forms.*

Esercizi

A. Domande.
  1. Che ore erano quando suonò l'orologio di Trinità dei Monti?
  2. Perché Andrea Sperelli ha bisogno di muoversi?
  3. Cosa mette il protagonista sul mucchio ardente del fuoco?
  4. Innanzi a cosa Elena ama indugiare?
  5. Da chi è stata dipinta la tela che rappresenta Danae?
  6. Cosa fa Elena alla fine di ogni convegno d'amore?
  7. Da chi si fa legare i nastri delle scarpe Elena?
  8. Da quanto tempo Andrea Sperelli non riceve la visita della sua
     amante?
  9. Qual è la data rimasta incancellabile nella memoria di Andrea?
 10. Cos'altro ricorda Andrea di quel giorno?
 11. Cosa si vede dalla carrozza chiusa?
 12. Cosa copre la faccia di Elena?
 13. Che tipo di odore esala dalla pelliccia di Elena?
 14. Cosa dice Elena mentre si stringe ad Andrea?

B. Usate ciascuna delle seguenti espressioni per formare altrettante frasi.
  1. andò ad aprire
  2. si chinò verso
  3. proprio innanzi
  4. quasi direi
  5. aveva l'abitudine di
  6. ogni volta
  7. tra mezz'ora
  8. di tratto in tratto
  9. qua e là
 10. ma d'improvviso
 11. l'ultima volta

C. Dai seguenti verbi ricavate il nome e l'articolo (al singolare) corrispondenti.

ESEMPIO: suonare

il suono

1. operare
2. distrarre
3. amare
4. sorridere
5. richiamare

6. lottare
7. ridere
8. aspirare
9. comunicare
10. partire

D. Argomenti per lo scritto e la conversazione.

1. Riassumete le descrizioni di Roma che fanno da sfondo alle vicende del brano letto.
2. Analizzate e discutete alcune delle scelte linguistiche dell'autore di cui abbonda il brano (forme arcaiche, parole preziose, termini insoliti, figure mitiche).

Luigi Pirandello

(1867 – 1936)

Nacque nel 1867 ad Agrigento, in Sicilia. Compí gli studi universitari dapprima a Roma, poi a Bonn, dove conseguí la laurea in Lettere. Stabilitosi a Roma (1892), si dedicò al giornalismo letterario e alla narrativa. Nel 1897 ottenne l'incarico di Letteratura italiana nell'Istituto Superiore di Magistero di Roma. Ma, intanto, alcuni problemi familiari venivano a turbare la sua esistenza: il dissesto finanziario del padre e la pazzia della moglie. L'arte dello scrittore non ne fu insensibile: ne derivò la tendenza ad un'introspezione assillante, minuziosa, rafforzata dall'impulso delle dolorose vicende vissute. La matrice della sua narrativa fu realistica; ma ad essa, sia nelle novelle (raccolte poi in due grossi volumi, *Novelle per un anno,* 1937 – 39), sia nei romanzi, tra cui *L'esclusa* (1901), *Il fu Mattia Pascal* (1904), *I vecchi e i giovani* (1909), *Si gira* (1915), ripubblicato col titolo di *Quaderni di Serafino Gubbio operatore* (1925), *Uno, nessuno e centomila* (1925), si sovrappose un'ironia dissacrante ed amara. Nei romanzi Pirandello anticipava quello che fu poi il tema centrale della sua opera teatrale (iniziata nel 1910): la dissoluzione dell'identità dell'individuo, il relativismo dei comportamenti, l'equivoco di una vita soffocata da una forma che la uccide. Il teatro di Pirandello, raccolto in trentun volumi (*Maschere nude,* 1920 – 35), portò radicali innovazioni nel teatro italiano del Novecento, abolendo, in molti casi, la distinzione fra palcoscenico e platea, fra attori e spettatori. Tra le commedie piú note, *Sei personaggi in cerca d'autore* (1922), *Enrico IV* (1922), *Come tu mi vuoi* (1930), *Questa sera si recita a soggetto* (1930). Pirandello diresse anche una compagnia drammatica (1925) con Marta Abba e Ruggero Ruggeri, il Teatro d'Arte, con cui girò il mondo, con repertorio prevalentemente pirandelliano. Ebbe la nomina di accademico d'Italia (1929) e il premio Nobel per la letteratura (1934). Morí a Roma nel 1936.

Mia moglie e il mio naso

—Che fai? —mia moglie mi domandò, vedendomi insolitamente indugiare° davanti allo specchio.

linger

—Niente, —le risposi, —mi guardo qua, dentro il naso, in questa narice°. Premendo°, avverto un certo dolorino.

nostril/pressing (it)

Mia moglie sorrise e disse:

—Credevo ti guardassi da che parte ti pende°.

tilt, lean

Luigi Pirandello: l'autore. (Courtesy The Bettman Archive.)

Marta Abba: l'interprete. (Courtesy Archivio I.G.D.A., Milano.)

Mi voltai come un cane a cui qualcuno avesse pestato la coda°. *(stepped on its tail)*
— Mi pende? A me? Il naso?
E mia moglie placidamente:
— Ma sí, caro. Guàrdatelo bene: ti pende verso destra.

Avevo ventotto anni e sempre fin allora avevo ritenuto° il mio naso, se non proprio bello, almeno molto decente, come insieme tutte le altre parti della mia persona. *(considered)* Per cui m'era stato facile ammettere e sostenere quel che di solito ammettono e sostengono tutti coloro che non hanno avuto la sciagura° di sortire° un corpo deforme: che cioè sia da sciocchi invanire° per le proprie fattezze°. *(misfortune/to receive as one's lot/to be vain/physical appearance)* La scoperta improvvisa e inattesa di quel difetto perciò mi stizzí° come un immeritato castigo°. *(irritated/punishment)*

Vide forse mia moglie molto piú addentro di me in quella mia stizza e aggiunse° subito che, se riposavo nella certezza d'essere in tutto senza mende°, me ne levassi pure, perché, come il naso mi pendeva verso destra, cosí... *(added / defects)*
— Che altro?
Eh, altro! altro! Le mie sopracciglia° parevano sugli occhi due accenti circonflessi, ^ ^, le mie orecchie erano attaccate male, una piú sporgente dell'altra; e altri difetti... *(eyebrows)*
— Ancora?
Eh sí, ancora: nelle mani, al dito mignolo°; e nelle gambe (no, storte no!), la destra, un pochino piú arcuata° dell'altra: verso il ginocchio, un pochino. *(little finger / bent, bowed)*

Dopo un attento esame dovetti riconoscere veri tutti questi difetti. E solo allora, scambiando° certo per dolore e avvilimento° la maraviglia che ne provai subito dopo la stizza, mia moglie per consolarmi m'esortò a non affligermene° poi tanto ché° anche con essi, tutto sommato°, rimanevo un bell'uomo. *(mistaking / humiliation, depression / to worry about it/because/after all)*

(From *Uno, nessuno e centomila*)

This brief episode is part of the first chapter of the novel Uno, nessuno e centomila, *the work that best illustrates Pirandello's play with the ambiguous relationship between reality and appearance. Through his wife's eyes the protagonist here discovers an image of himself that clashes with the one he has always had.*

Esercizi

A. Domande.
1. Perché il protagonista indugia davanti allo specchio?
2. Cosa dice la moglie a proposito del naso del marito?
3. Come reagisce lui?
4. Com'è apparso al protagonista il proprio naso fino a quel momento?
5. Com'è considerata dal protagonista la scoperta di quel difetto?
6. Quali altri difetti fisici scopre la moglie?
7. Quand'è che il protagonista riconosce di avere tutti quei difetti?
8. Cosa prova il protagonista adesso che si è convinto di avere cosí tanti difetti?
9. Cosa gli dice la moglie per consolarlo?
10. Pensi che Pirandello abbia ragione nel sostenere che ciò che siamo non è ciò che crediamo di essere? Perché?

B. Trovate nel testo il contrario delle parole elencate e leggete ad alta voce la frase che lo contiene.
1. solitamente
2. tutto
3. difficile
4. meritato
5. staccate
6. distratto (*o* disattento)
7. falsi

C. Elencate tutti i nomi del racconto che indicano parti del corpo umano. Scrivete poi accanto a ciascun termine il plurale o il singolare con il relativo articolo determinativo.

D. Argomento per lo scritto e la conversazione.
Illustrate una situazione in cui voi stessi siete stati protagonisti o spettatori di una vicenda simile a quella descritta dal personaggio pirandelliano.

L'umorismo

Vedo una vecchia signora, coi capelli ritinti°, tutti unti° non si sa di quale orribile manteca°, e poi tutta goffamente imbellettata e parata° d'abiti giovanili. Mi metto a ridere. Avverto° che quella vecchia signora è *il contrario* di ciò che una vecchia rispettabile signora dovrebbe essere. Posso cosí, a prima giunta° e superficialmente, arrestarmi a questa impressione comica. Il comico è

dyed several times/smeared
cream
ostentatiously dressed
I notice

at first glance

appunto un *avvertimento del contrario*. Ma se ora interviene in me la riflessione, e mi suggerisce che quella vecchia signora non prova° forse nessun piacere a pararsi cosí come un pappagallo°, ma che forse ne soffre e lo fa soltanto perché pietosamente s'inganna° che, parata cosí, nascondendo cosí le rughe e la canizie°, riesca a trattenere a sé° l'amore del marito molto piú giovane di lei, ecco che io non posso piú riderne come prima, perché appunto la riflessione, lavorando in me, mi ha fatto andar oltre a quel primo avvertimento, o piuttosto piú addentro: da quel primo *avvertimento del contrario* mi ha fatto passare a questo *sentimento del contrario.* Ed è tutta qui la differenza tra il comico e l'umoristico.

experience
parrot
she deceives herself
wrinkles and gray hairs
to hold on to

(From *Opere*)

*Humor was the essential mode in which Pirandello expressed his view of the human condition in both narrative and theater. In this passage he explains the difference between comedy and humor. Pirandello defines the comic as the "perception of contradiction," since it arises from the realization that someone's behavior is different from what it ought to be. Humor, on the other hand, results from further reflection and implies an appreciation of the coexistence of contraries in man and in all things human: it is not merely a "perception" (***avvertimento***) but a deeper and lasting "sense" (***sentimento***) of the contradictions in human behavior.*

Esercizi

A. Domande.
1. Che cosa ha la signora nei capelli?
2. Perché lo scrittore si mette a ridere?
3. Che cos'è il comico per Pirandello?
4. Prova veramente piacere la signora a «pararsi» come un pappagallo?
5. Il marito è piú giovane o piú vecchio della signora?
6. Che cosa fa trasformare la prima impressione comica in umorismo?

B. Mettete al plurale le seguenti frasi.
1. Vedo la vecchia signora goffamente imbellettata.
2. Ti metti a ridere.
3. La riflessione mi suggerisce che quella vecchia signora soffre.
4. Ecco che lui non può piú riderne.
5. Ti ha fatto capire molte cose.
6. Dov'è la differenza?

C. Completate con la forma corretta del futuro.
1. Domani (vedere) ＿＿＿＿＿＿ una mia vecchia amica.
2. Mi (mettere) ＿＿＿＿＿＿ a ridere.

3. Ma se (intervenire) _____ in me la riflessione?
4. Quella signora non (provare) _____ nessun piacere a vestirsi cosi.
5. Forse la signora ne (soffrire) _____.
6. Lei (nascondere) _____ le rughe e la canizie.
7. (Riuscire) _____ la signora a trattenere l'amore del marito?
8. Ecco che io non (potere) _____ piú riderne come prima.
9. La riflessione mi (fare) _____ andare piú addentro.
10. (Essere) _____ tutta qui la differenza tra il comico e l'umoristico?

Umberto Saba

 (1883 – 1957)

Nacque nel 1883 a Trieste, cittadino italiano benché Trieste facesse parte dell'Impero austro-ungarico. Compí studi irregolari e, dopo aver lavorato in una casa di commercio triestina, si trasferí nel 1905 a Firenze, dove, nel 1911, pubblicò il suo primo volume di versi, *Poesie*. Nel 1918 aprí nella sua città natale una piccola libreria antiquaria, e la relativa tranquillità economica procuratagli dal suo lavoro gli permise di dedicarsi completamente alla poesia. Fu lirico di straordinaria limpidezza formale e semplicità di temi (l'amore, il dolore, la gioia, la malinconia); il suo proposito fu di rappresentare in versi tutta quanta la propria esperienza di uomo, senza concedere nulla alla retorica o all'artificio. Se ne hanno prove tangibili nelle sue raccolte piú alte e felici, *Coi miei occhi* (1912), *Cose leggere e vaganti* (1920), *Preludio e fughe* (1928), *Parole* (1934), *Ultime cose* (1944), *Mediterranee* (1947). Trascorse tutta la sua vita a Trieste, allontanandosene solo durante la seconda guerra mondiale, per sfuggire, lui che era di madre ebrea, alle persecuzioni razziali. Morí a Gorizia nel 1957. La sua opera poetica è stata raccolta e pubblicata nel *Canzoniere* (1961), che ha avuto numerose edizioni, ancor vivo il poeta (la prima nel 1921), ed è diviso in parecchie sezioni, corrispondenti alle diverse raccolte che via via Saba pubblicò durante la sua esistenza. Della sua attività di prosatore vanno ricordati i racconti di *Scorciatoie e raccontini* (1946) e il romanzo *Ernesto*, uscito postumo nel 1975.

Trieste

Ho attraversata tutta la città.
Poi ho salito un'erta°,   *steep street*
popolosa in principio, in là deserta,
chiusa da un muricciolo°:   *low wall*
5 un cantuccio° in cui solo   *small corner*
siedo; e mi pare che dove esso termina°   *ends*
termini la città.

Trieste ha una scontrosa[1]
grazia. Se piace,
10 è come un ragazzaccio aspro e vorace°,   *rough and eager*

---

[1] **scontrosa** *difficult, irritable, temperamental.* It usually refers to a person.

Trieste. Caffè d'epoca. (Courtesy Archivio I.G.D.A., Milano.)

con gli occhi azzurri e mani troppo grandi
per regalare un fiore;
come un amore
con gelosia°.   *like a love that is*
               accompanied by jealousy
15 Da quest'erta ogni chiesa, ogni sua via
scopro, se mena° all'ingombrata° spiaggia,   *leads/crowded*
o alla collina cui, sulla sassosa°   *rocky*
cima, una casa, l'ultima, s'aggrappa°.   *clings*
intorno
20 circola ad ogni cosa[2]
un'aria strana, un'aria tormentosa°,   *disturbing, upsetting*
l'aria natía°.   *of one's birthplace*

---

[2] **ad ogni cosa** depends syntactically on **intorno** ("intorno ad ogni cosa").

La mia città che in ogni parte è viva,
ha il cantuccio a me fatto°, alla mia vita   *right, suitable for me*
25 pensosa e schiva°.   *shy*

(From *Il canzoniere*)

This poem was originally part of the collection Trieste e una donna *(1910–12). The poet walks through the streets of his city, then climbs a hill on the outskirts; up there, from a solitary wall, he contemplates the city and expresses his deep love for it.*

Esercizi

A. Domande.
1. Che cosa sente il protagonista quando giunge al suo cantuccio?
2. A chi è paragonata la città?
3. Che cosa vede il poeta guardando dall'alto?
4. Non c'è un contrasto fra la città «viva» in ogni sua parte e la vita del poeta «pensosa e schiva»?

B. Trieste è un porto dell'Adriatico. Elencate i piú importanti porti dell'Adriatico, specificando a quali stati appartengono.

C. Premettete ai nomi elencati uno dei seguenti aggettivi dimostrativi: *quel, quell', quegli, quei, quella, quelle.*

1. _____ città   7. _____ spiaggia
2. _____ muricciolo   8. _____ colline
3. _____ ragazzacci   9. _____ aria
4. _____ occhi   10. _____ vita
5. _____ fiore   11. _____ mani
6. _____ amore   12. _____ casa

D. Argomento per lo scritto e la conversazione.
Una città sul mare, con un porto commerciale, ha—come Trieste—un'atmosfera caratteristica, inconfondibile. Descrivetene una di vostra conoscenza, o di cui abbiate sentito parlare.

Ritratto della mia bambina

La mia bambina con la palla in mano,
con gli occhi grandi colore del cielo
e dell'estiva vesticciola°: «Babbo»   *little dress*
—mi disse—«voglio uscire oggi con te».

Ritratto di bambina.

5 Ed io pensavo: Di tante parvenze°
  che s'ammirano al mondo, io ben so a quali
  posso la mia bambina assomigliare°.
  Certo alla schiuma, alla marina° schiuma
  che sull'onde biancheggia°, a quella scia°
10 ch'esce azzurra dai tetti e il vento sperde°,
  come alle nubi, insensibili° nubi
  che si fanno e disfanno in chiaro cielo;
  e ad altre cose leggere e vaganti.
                 (From *Il canzoniere*)

appearances, visual
  phenomena

compare
of the sea
is white/trace (in this case,
  of smoke)/disperses
impalpable, immaterial

   This poem gave its title to the collection Cose leggere e vaganti *(1920). It is dedicated to the poet's daughter, Linuccia, who is the image of everything "light and fleeting," like foam on the waves of the sea or clouds in the sky.*

Esercizi

A. Domande.
1. Com'è presentata la bambina?
2. Che cosa chiede la bambina al papà?
3. Che cosa pensa il padre?
4. Perché il padre paragona la bambina a cose «leggere e vaganti»?

B. Date il contrario delle seguenti parole ricavate dal testo.
1. grandi
2. estiva
3. uscire
4. tante
5. chiaro
6. leggere

C. Completate le frasi seguenti con le preposizioni articolate convenienti.
1. Quella bambina ha gli occhi colore _____ cielo!
2. La figlia parlò _____ padre.
3. Vedevamo la schiuma biancheggiare _____ onde del mare.
4. Un fumo azzurro usciva _____ tetti.
5. Nuvole leggere passavano _____ cielo.

Milano

Fra le tue pietre[1] e le tue nebbie faccio
villeggiatura. Mi riposo in Piazza
del Duomo[2]. Invece
di stelle
ogni sera si accendono parole[3].

Nulla riposa[4] della vita come
la vita.

(From *Il canzoniere*)

This poem first appeared in the collection Parole *(1934). Saba describes Milan, where he once spent an extended vacation, as a city that he finds paradoxically restful because it is so busy and overflowing with life.*

[1] **pietre** houses, buildings of stone.
[2] **Piazza del Duomo** Milan's main square, dominated by the Gothic cathedral or Duomo.
[3] **si accendono parole** both the neon signs with words on them and the animated discussions on the square.
[4] **riposa** used transitively; the implied direct object is "**l'uomo.**" The meaning of the conclusion is: "Nothing brings more rest from the stresses of life than life itself."

Esercizi

A. Domande.

    1. Come è descritta Milano?

    2. Nella piazza del Duomo si vedono le stelle?

    3. Che cosa dà riposo al poeta, e perchè?

B. Argomento per lo scritto e la conversazione.

Milano, la capitale economica d'Italia. Cosa sapete della sua storia passata e della sua realtà presente?

Giuseppe Ungaretti

 (1888 – 1970)

Nacque nel 1888 ad Alessandria d'Egitto da genitori italiani, e trascorse in Africa l'infanzia e l'adolescenza. Nel 1912 si trasferí a Parigi, dove frequentò alcuni fra i principali esponenti delle avanguardie artistiche, fra cui il poeta Apollinaire e i pittori Braque e Picasso. Durante la prima guerra mondiale combatté come soldato semplice sul fronte del Carso e, in trincea, scoprí la propria vocazione di poeta. La raccolta *Il porto sepolto* (1916), confluita piú tardi in *Allergria di naufragi* (1919), rivelava un temperamento drammatico, affascinato e, insieme, atterrito dalla tragedia dell'esistenza. Stabilitosi a Roma nel 1921, Ungaretti continuò a scrivere poesie che si collocano, nel tempo, come una specie di diario ideale delle emozioni e delle vicende essenziali del poeta. La raccolta *Sentimento del tempo,* che lo consacrò come uno dei maggiori poeti italiani, uscí nel 1933; tre anni dopo si trasferí in Brasile a insegnare letteratura italiana all'università di San Paolo. Rientrato in Italia nel 1942, proseguí l'insegnamento all'università di Roma, e continuò la sua attività di poeta con le raccolte *Il dolore* (1947), *La terra promessa* (1950), *Un grido e paesaggi* (1952), *Il taccuino del vecchio* (1960). Morí a Milano nel 1970.

Veglia

Un'intera nottata
buttato° vicino   *lying flat (in the trench)*
a un compagno
massacrato
5 con la sua bocca
digrignata°   *grimacing*
volta° al plenilunio°   *turned/full moon*
con la congestione°   *swelling*
delle sue mani
10 penetrata
nel mio silenzio
ho scritto
lettere piene d'amore

Non sono mai stato
15 tanto
attaccato alla vita

Cima Quattro il 23 dicembre 1915

(From *L'allegria*)

Like many other poems in Ungaretti's L'Allegria, *this is a war poem, describing the cruelty of the First World War and its impact on the mind and heart of the poet. In the last three lines, Ungaretti declares his irrepressible love for life despite the atrocities that he has witnessed. The title, "Veglia," alludes to the poet's anguished vigil in the trench next to the body of a fallen companion.*

Esercizi

A. Domande.
1. Quali sono i sentimenti del poeta di fronte al compagno morto?
2. Attraverso quali immagini è descritta la violenza della guerra?
3. Perché il poeta scrive lettere piene d'amore?
4. Perché il poeta, in un momento di dolore e di morte, è cosí affezionato alla vita?

B. Mettete, a fianco dei seguenti participi passati, la forma corrispondente del verbo all'infinito presente.
1. buttato
2. massacrato
3. digrignata
4. volta
5. penetrata
6. scritto

C. Argomento per lo scritto e la conversazione.
La guerra come momento di angoscia e di dolore per l'uomo. Esprimete le vostre riflessioni.

Sono una creatura

Come questa pietra (stone)
del S. Michele[1]
cosí fredda
cosí dura (hard)
cosí prosciugata°   dried up
cosí refrattaria°   resistant
cosí totalmente
disanimata°   /disl anima-soul → lifeless disheartened

Come questa pietra   like this stone
è il mio pianto (tear)   is my tear
che non si vede   which no one sees → is not seen

[1] **S. Michele** a hill near Gorizia, in the area of the front in World War I.

La morte
si sconta°
vivendo

is paid for

Valloncello di Cima Quattro il 5 agosto 1916
(From *L'allegria*)

This poem, also set in the trenches of World War I, is another selection from
the volume *L'allegria*. It consists of three parts; in the first two, the poet
compares his own sorrow to the world of nature; and in the third, he offers an
explanation of the meaning of our existence.

Esercizio

Domande.
1. Perché il poeta paragona il suo animo a una pietra?
2. Perché il pianto del poeta non si vede?
3. Perché la morte si espia con la vita?
4. Siete d'accordo con quest'ultimo concetto espresso dal poeta?

San Martino del Carso

Di queste case
non è rimasto
che qualche
brandello° di muro

bit

Di tanti
che mi corrispondevano°

returned my affection

non è rimasto
neppure tanto°

not even as much (as a bit)

Ma nel cuore
nessuna croce manca

É il mio cuore
il paese piú straziato°

devastated, ~~tormented~~

Valloncello dell'Albero Isolato il 27 agosto 1916
(From *L'allegria*)

Our third selection is also taken from Ungaretti's *L'allegria. San Martino
del Carso* is a village in Friuli destroyed by the Austrians during World War I.
The devastation of the village corresponds to the devastation in the heart of the
poet, who has lost many companions fighting at his side.

Esercizi

A. Domande.

[handwritten: la distruggquto]

1. Perché nel paese è rimasto solo qualche brandello di muro?
2. Dove sono gli amici che corrispondevano il poeta? *[handwritten: sono morti]*
3. Perché nel cuore del poeta non manca nessuna croce?
4. A che cosa paragona il suo cuore? *[handwritten: il paese più straziato]*
5. Perché il poeta fa questo paragone? *[handwritten: la distruzione del paese far male a lui]*

B. Argomento per lo scritto e la conversazione.

Raccogliete informazioni sull'intervento dell'Italia in guerra durante la prima guerra mondiale. Quali partiti politici erano favorevoli; quali erano contrari; come reagí l'opinione pubblica; quale fu l'atteggiamento degli intellettuali.

Allegria° di naufragi *[handwritten: shipwrecks]*   *joy*

[handwritten: And immediately + begins again]

E subito riprende°   *begins again*
il viaggio
come
dopo il naufragio
un superstite° *[handwritten: exist beyond]*   *surviving*
lupo di mare°   *experienced sailor*

Versa il 4 febbraio 1917
     (From *L'allegria*)

     This poem gives its title to the volume Allegria di naufragi, *later published in the volume* L'allegria. *The title is an oxymoron, coupling two words of opposite meaning and value. It expresses the grotesque and paradoxical condition of people who survive the experience of war: dazed by the memory of that tragedy, they are still grateful to have survived.*

Esercizi

A. Domande.

1. Perché il viaggio riprende?
2. Di quale viaggio si tratta? *[handwritten: discuss]*
3. Perché la guerra è vista come un naufragio?

B. Mettete al plurale i seguenti *[handwritten: nouns]* sostantivi e formate delle frasi di senso completo che, rispettivamente, li contengano.

1. viaggio   3. lupo *[handwritten: wolf]*
2. naufragio   4. mare

Carlo Emilio Gadda

 (1893 – 1973)

Nacque nel 1893 a Milano, in Lombardia, da un'agiata famiglia borghese. Studente di Ingegneria al Politecnico di Milano, partí volontario allo scoppio della prima guerra mondiale e fu fatto prigioniero dagli Austriaci. Rientrato a Milano nel 1919, si laureò e, anche in seguito al crollo economico della famiglia, iniziò a esercitare la professione di ingegnere, in Italia e all'estero (Germania, Argentina, Belgio). Si dedicò, intanto, anche alla letteratura, pubblicando saggi (*Apologia manzoniana*, 1924; *Studi imperfetti*, 1926) e brevi opere narrative (*La madonna dei filosofi*, 1931; *Il castello di Udine*, 1934) e il romanzo *La cognizione del dolore* (1938 – 41), pubblicato a puntate sulla rivista «Letteratura», poi in volume nel 1963. Dal 1940, abbandonato definitivamente il lavoro di ingegnere, si trasferí a Firenze (1940 – 50), poi a Roma, dove fu assunto ai servizi culturali del Terzo Programma Radiofonico. Cominciò intanto a diffondersi la sua fama di scrittore bizzarro, eccentrico, ma di geniale invenzione di linguaggio e di stile, e di straordinaria passione morale e civile, con il romanzo di vita milanese *L'Adalgisa* (1944) e, soprattutto, con il romanzo a sfondo poliziesco *Quer pasticciaccio brutto de via Merulana*, pubblicato su «Letteratura» nel 1946 – 47, e in volume nel 1957. Le opere successive, le *Novelle dal Ducato in fiamme* (1953), gli studi di *I viaggi, la morte* (1958), il romanzo-saggio *Eros e Priapo* (1967), satira del fascismo e di Mussolini, non facevano che confermare lo straordinario talento dello scrittore, ormai considerato uno dei grandi del Novecento italiano. Morí a Roma nel 1973 e, da allora, è continuata la straordinaria crescita del suo prestigio letterario, anche grazie alla pubblicazione di numerosi inediti.

Diario di bordo

Oceano Atlantico.
Venerdí, 8 dicembre 1922. Ore 10.30'.
A bordo del «Principessa Mafalda».
Quando la barca su cui era salita Clara, accompagnata da Piero, non poté piú seguitarci° e si smarrí° nel porto, lasciai la tolda di poppa°, riposi il mio fazzoletto verde a disegni e mi avviai lentamente alla mia classe. L'una pomeridiana era passata: 30 novembre 1922, giovedí. Servivano già la colazione nel salone da pranzo. Chiesi al *maître* dove potessi sedermi. M'indicò una

follow us/was lost to sight
stern (rear) deck

Genova, 1925. Traffico nei pressi del porto. (Courtesy Archivio I.G.D.A., Milano.)

tavola, dov'erano due°, presso° la vetrata di destra. Mi
sedetti al mio posto, volgendo le spalle alla prora°. E
mentre i servi andavano e venivano con passi silenziosi
sul tappeto e qualche posata° tinniva, studiai sul cartoncino il *menu*. Quel primo senso d'oppressione e di nau-
sea che m'avea colto° al veder la mia cella°, sul primo
entrarvi, quando mi sedetti, fra Clara e Luigi che rima-
nevano in piedi, è ora passato. Le vetrate, gli argenti°, il
tappeto, i servi inguantati° e l'aspetto della bionda, sorridente Riviera[1] (che mi ricorda la gita fatta lo scorso
anno, da Genova[2] a Rapallo[3], sul «Bon voyage») tol-
gono° a questi momenti i pensieri dolorosi, le recenti
angosce del distacco° dalla mamma, da Clara.

　Tutto mi dice: mangia, sta' bene! Intanto un quarto
commensale° è venuto a sedersi alla nostra tavola: è
giovane, calvo°, bassotto°: e mangia tacendo.

*where two other passengers
were sitting/near/prow*

piece of silverware

taken hold of me/cabin

silverware
gloved

take away

separation

table companion
bald/rather short

---

[1] **Riviera**　"Ligurian Riviera." The entire Ligurian region faces the sea, with the
　Apennines rising behind it to the north.
[2] **Genova**　capital of Liguria and an important Mediterranean port.
[3] **Rapallo**　small resort town on the Ligurian Riviera.

34

Invece una conversazione vivace è tra i due altri: un vecchietto spagnolo, elegante ed arzillo°, che si fermerà a Barcellona[4], e un signore che non capisco se sia argentino o italiano, tutto raso°.

spry

clean-shaven

Il signore spagnolo, secco e netto°, sorridente e rubicondo°, con candidissima biancheria[5], parla del piú e del meno° con vivacità: e vanta°, ad un certo punto, la saggia neutralità[6] spagnola, confrontandola con l'intervento italiano, semenza d'inenarrabili mali°, tra cui il deprecato svalutamento° della lira.

slim and well groomed/ruddy
about this and that
praises

cause of incalculable misfortunes/devaluation

Il signore raso approva, se pure senza entusiasmo.

Poi il signore spagnolo parla dei suoi viaggi, degli amici che lo attendono; e scioglie un inno° a San Remo[7], incantato° sorriso della Italia, e ricorda poi ancora viaggi, amici, e tante cose. Lo trovo intelligente e simpatico, e che sa godere bene la sua vita: e invidio anche i suoi soldi sottintesi°, che gli hanno permesso di essere piú intelligente di me.

he lets forth a hymn (of praise)/enchanting

implied by his appearance and manner

I servi portano le ultime cose, le frutta, silenti, rapidi, assorti nei loro problemi di posateria e di smistamento°. Di là dalle vetrate è la Liguria piena di sole.

distributing silverware and delivering food to the tables

(From *La madonna dei Filosofi*)

This passage, taken from the collection of stories La Madonna dei Filosofi, describes the narrator's departure for a transatlantic voyage. It recalls Gadda's own crossing in 1922 from Italy to Argentina, where he went to work as an engineer. The "log book" of the title is the notebook in which the narrator records, day by day, his memories and observations.

Esercizi

A. Domande.

1. Qual è lo stato d'animo del protagonista al momento della partenza?
2. Come sono i commensali che siedono alla sua tavola?
3. Perché il signore spagnolo è cosí vivace e allegro?
4. Qual è il mezzo di trasporto che porta il protagonista in Argentina?
5. Da dove parte la nave?
6. Che cosa ricorda il protagonista?
7. Di che cosa si occupano i camerieri?

[4] **Barcellona**   city on the eastern coast of Spain, on the Mediterranean. After leaving Genoa, the ship would make a stop in Barcelona.

[5] **candidissima biancheria**   snow-white linen (shirt collar and cuffs, handkerchief).

[6] **neutralità**   allusion to the First World War (1914–18). Italy abandoned its position of neutrality in 1915 to join England and France against Austria and Germany. Spain, instead, remained neutral.

[7] **San Remo**   one of the most famous resorts of the Ligurian Riviera.

B. Trovate il contrario delle seguenti parole ricavate dal testo.

1. era salita
2. lentamente
3. sedermi
4. destra
5. silenziosi
6. primo
7. giovane
8. tacendo
9. amici
10. simpatico
11. utile
12. rapidi

C. Non hai sentito quello che un tuo amico ti ha detto. Formula la domanda e chiedi di ripetere quello che non hai capito.

ESEMPIO: Partirò domani.

   Quando hai detto che partirai?

1. Serviremo la colazione a mezzogiorno.
2. Arriveranno la settimana prossima.
3. L'anno prossimo farò una gita a San Remo.
4. Venerdí il vecchietto spagnolo lascerà la nave e si fermerà a Barcellona.
5. Il mese prossimo ci sarà un altro svalutamento della lira.
6. Al mio ritorno vi racconte tutti i particolari del viaggio.

D. Argomenti per lo scritto e la conversazione.

1. L'emigrazione. Perché tanti europei emigrarono nelle due Americhe dopo la prima guerra mondiale? Quali conseguenze produsse l'emigrazione negli Stati Uniti?
2. I viaggi in piroscafo. Fino a che epoca il piroscafo è stato il mezzo di trasporto piú usato per i viaggi transoceanici? I viaggiatori si servono ancora oggi del piroscafo? Su quali itinerari?

Corrado Alvaro *

(1895 – 1956)

Nacque nel 1895 a San Luca, in provincia di Reggio Calabria, e, ancora ragazzo, venne mandato a studiare in un collegio di Roma. Partecipò alla prima guerra mondiale: fu di quel tempo la sua prima esperienza lirica, le *Poesie grigioverdi* (1917). Nel 1919 si laureava in Lettere a Milano. Dopo alcune esperienze giornalistiche, si dedicò alla narrativa, seguendo il filone del regionalismo veristico, che fa da sfondo soprattutto ai suoi romanzi e racconti ambientati in Calabria, come accade per il suo capolavoro, il romanzo *Gente in Aspromonte* (1930). La Calabria rappresentava, per Alvaro, una regione conosciuta dal di dentro, rappresentata sia attraverso i toni nostalgici e fiabeschi del paesaggio, sia attraverso l'analisi psicologica dei suoi abitanti. Ma la Calabria, come oggetto di rappresentazione, era, per lo scrittore, anche il limite da superare, in vista di esiti narrativi piú complessi e ambiziosi: *Il mare* (1934), *L'uomo è forte* (1938), *L'età breve* (1946), resoconti di crisi esistenziali inserite nel contrasto campagna-città. Nel 1947 Alvaro costituí il Sindacato nazionale scrittori, di cui fu segretario fino alla morte, avvenuta a Roma nel 1956.

La casa dei nonni

Avevamo detto a Cesarino che saremmo andati a trovare la nonna e il nonno. Cesarino aveva sei anni, allora; era contento di andare in treno, e non sapeva che si può viaggiare una notte intera per trovare un paese, una casa, una finestra dove si affaccia gente che si leva° quando   *gets up (from bed)* noi ci leviamo, e qualche volta, nella giornata, capita°   *it happens* che noi e loro facciamo gli stessi atti° come se fossimo   *movements* mossi dagli stessi fili[1]. Io feci un lungo discorso a Cesarino per dirgli che il nonno era mio padre, che io gli volevo bene come lui Cesarino ne voleva a me. Era contento di partire. Credeva che io fossi un gran signore°   *a rich man* perché gli dissi che a casa mia avevamo il mare sotto la finestra, il mare che lui non aveva mai veduto. Era la prima volta che io gli parlavo di casa mia. Forse gli parve che io fossi un signore decaduto°, se ora, da quando   *fallen nobility* c'era lui, avevamo davanti alla finestra una strada pro-

[1] **come se fossimo... fili**   as if we were pulled by the same strings, like puppets.

37

Calabria. Dolci tipici pasquali. (Courtesy Archivio I.G.D.A., Milano.)

fonda e lastricata° di nera pietra. Sua madre gli doman-   *paved*
dava se gli dispiacesse lasciarla°, e lui diceva di sí, ma si   *to leave her*
capiva che non ne era sicuro. Noi volevamo che gli dis-
piacesse molto ed eravamo un po' tristi per noi.

Si mise in treno come se avesse un angolo per giocare,
come i gnomi si mettono sotto un fungo. Dal finestrino io
gli indicai la vite°, l'ulivo, il contadino. Poi divenne   *vines*
triste e si addormentò sovrappensiero°. Prima di chiu-   *worried*
dere gli occhi, mi disse:

—Appena vedi il mare svegliami.

Si destò° che era giorno chiaro e si precipitò° al finestrino. C'era il mare, il mare in pendio°, coi velieri° oltre la linea dell'orizzonte, sospesi tra mare e cielo; come un impresario io lo guardavo attentamente, e volevo che desse uno spettacolo in onore del ragazzo[2]. Invece il mare era torpido, si destava allora[3] scuro ancora e denso, si muoveva appena come sotto una coltre°.

—Quello è il mare—disse soltanto Cesarino. Poi aggiunse: —Che° corriamo sempre?

Credo che gli facesse piú impressione la gente che usciva dalle case sparse° pei° campi e i poggi°, e gli animali che servivano gli uomini e insomma come° vivono tutti sparpagliati° per la terra. Forse si sgannò[4] e non si sentí piú privilegiato, essere tra tanti esseri e noi che gli volevamo bene, anche noi uomini tra uomini infiniti, piccola parte di un mondo.

Il treno entrava nella mia regione°, e a me pareva che andasse piú lento per farmi rivedere le cose che mi piacevano e che riconoscevo...

Guardai Cesarino e lo vidi come un viaggiatore in paese straniero, che molte cose non capisce e molte altre disprezza°. Gli dissi:

—Questo è il mio paese. Qui si trovano molte cose con cui giocare. Arrivammo ch'era sera, la sera meridionale che si leva da tutte le cose, Cesarino sfuggí alle braccia° dei nonni per correre subito lungo il mare. Era aprile e il mare si purgava°: buttava le sue stelle e le conchiglie° sulla spiaggia. Di queste cose Cesarino mi empiva° le tasche e correva per le dune sabbiose. Il mondo gli pareva un grande emporio di giocattoli naturali[5] e io vedevo che li scopriva subito come un tempo li avevo scoperti io; ed eravamo ragazzi insieme.

Poi, nella nostra casa entrammo ridendo per l'ombra°.

Cesarino si trovò in mezzo alla stanza. Per un attimo i nonni stettero° a guardare il ragazzo che camminava diritto, miracolo vivo, essere inatteso° di cui avevano sentito parlare, di cui conoscevano l'esistenza, ma che era vissuto fino a quel giorno in loro come un'idea. In-

woke up/rushed
slanting, sloping down/sailboats

blanket

ma allora

scattered/per i/hills
the way in which
scattered, dispersed

in Calabria

scorns, looks down on

avoided, slipped out of the embrace
was purging, purifying itself/deposited its starfish and shells/filled

because of the darkness

stood (there)
a person they had not expected to see

---

[2] **come un impresario... ragazzo** like an impresario of the theater, the father wanted the spectacle of the seaside to impress his son.

[3] **si destava allora** the sea itself, like the boy, seemed to be awakening just that moment.

[4] **si sgannò** he learned the truth; i.e., that he and his family were not the only people in the world, but just one family among many.

[5] **un grande emporio di giocattoli naturali** a big store full of toys provided by nature for children to play with.

vece era là, grande, con la sua volontà e i suoi occhi che
capivano.

— È sua madre che ha la bocca in quel modo? — disse
il nonno.

Io dissi di sí. Sul vetro piú alto della finestra la luna
metteva il suo chiarore e il suo caldo in quel gelo°. C'era   *the cold air of the house*
intorno il malessere° delle sere meridionali cosí tarde° a   *the malaise, sadness/slow*
finire. La nonna non parlava, ma guardava ora il ragazzo
ora me. Eravamo divenuti improvvisamente distanti
tutti e due, io e Cesarino, e accanto a noi si trovava
un'immagine ch'ella° non conosceva, che non aveva   *she, the grandmother*
mai veduta, la madre di suo nipote, di cui però capiva le
sembianze e le movenze, e tutto. Cesarino si levò, sedette
accanto a me, mise la mano sul mio ginocchio per tenermi fermo vicino a lui. Mentre traversava l'ombra paziente[6] dal tavolo la nonna aveva detto:

— Venite qua, figliuolo: venite che vi veda.

Gli parlava col voi. Egli non volle andare da lei. Si
abbandonò sulla spalliera° della sedia e con un filo di   *back/a small, whimpering*
pianto° disse: *voice*

— Voglio andare dalla mia mamma.

— Non vuole stare con noi — disse la nonna. — Non
vuole.

Mi ricordo che la nonna disse:

— Vuole sua madre, certo. — E disse la parola «sua
madre» con un tono indescrivibile d'invidia°. Ma fu lei   *envy*
che trovò il modo di chetarlo°, pudica° assai di dover   *to calm, him/reluctant*
mostrare davanti a noi l'arte sottile con cui si ingan-   *one wins the favor of*
nano° i ragazzi.

Stavano appesi all'attaccapanni° due cestelli°, pre-   *coatrack/baskets*
parati per l'arrivo del nipotino. In uno erano certe ciam-   *round-shaped cookies*
belle dolci° che un tempo mi erano piaciute e che io
sapevo che si facevano soltanto il giorno di Pasqua: in un
altro certe arance dolci. Il ragazzo alzò il lino°, vi si   *linen napkin/he leaned*
sporse sopra° e si mise a ridere. La nonna gli riempì le   *looking in*
mani di quella roba buona dicendogli:

— Sono vostre e ne abbiamo delle altre.

Ora Cesarino scherzava con le cose, e voleva far conoscenza con tutto. Il nonno cominciò a ridere e a dire:

— Eppure questo birbante° somiglia qualche poco a   *rascal*
noi. — E volgendosi a lui, complimentoso° come sapeva   *formal, ceremonious*
essere nei giorni di festa, disse:

— Volete vedere che abbiamo una cosa che non si
trova da voi? Scendiamo nella stalla.

— Che cosa c'è? — domandava Cesarino.

[6] **paziente**   quiet, slow, like the atmosphere of the house itself.

Scendemmo, e io tenni, come un tempo, la lampada.
Nella stalla gli occhi dell'asino° si spalancarono° su di   *donkey/opened wide*
noi come occhi dell'oscurità. Cesarino rideva e batteva
le mani.

—Io credo—diceva—che abbiamo fatto bene a
venire qui.

Non pensava piú di ripartire, ma rideva di un riso
nuovo, il riso elementare dei ragazzi dei campi, aperto,
grosso, senza ragione, che non si sa di dove nasca se non
dalla felicità di ritrovarsi in un mondo dove i giocattoli
sono animati da un soffio° di vita.   *breath*

—Non pensa piú a sua madre,—disse la nonna
guardando il suo uomo negli occhi, quasi confermando
una sua antica delusione[7] e in questa conferma trovando
una disperata consolazione. Ma il nonno era quasi felice
di averlo incantato in quel modo, con dei nonnulla°.   *with little, insignificant*
     things

Io, temendo che davvero il ragazzo si fosse dimenticato di tutto, gli dissi:

—Quando vogliamo tornare a casa nostra?

Avrei voluto che piangesse come prima, in quel modo
incomprensibile. Invece lui aveva scoperto il gatto e si   *he had started to*
era dato a° inseguirlo. Il nonno gli domandò ancora se
volesse tornare in città dalla mamma: non ebbe risposta.

(From *L'amata alla finestra*)

*This passage describes the feelings of a young boy who, accompanied by his
father, makes his first long trip to meet his grandparents who live in a small
village in southern Italy. Here, Cesarino discovers not only the natural play-
ground of the sea and the countryside, but the shy and gentle love of his
grandparents.*

Esercizi

A. Domande.

1. Dove decidono di andare Cesarino e suo padre?
2. Quanti anni ha Cesarino?
3. Cosa dice in treno Cesarino prima di addormentarsi?
4. Dopo essersi svegliato cosa vede il bimbo dal finestrino del treno?
5. Quando arrivano in paese i due viaggiatori?
6. In quale regione si trovano Cesarino e il padre?
7. Dove mette Cesarino le conchiglie che trova sulla spiaggia?
8. Cosa c'è nei cestelli preparati per il nipotino?

[7] **delusione**   *disappointment.* She knows from experience that sons often leave their
mothers behind.

9. Cosa vede Cesarino nella stalla?
10. Perché Cesarino non risponde alla domanda del nonno?

B. Scegliete nella colonna **B** la frase piú adatta a completare quella della colonna **A**.

A	B
1. Avevamo davanti alla finestra	1. per farmi rivedere le cose che mi piacevano
2. A me pareva che andasse piú lento	2. La luna metteva il suo chiarore
3. Sul vetro piú alto della finestra	3. guardare il ragazzo che camminava
4. Per un attimo i nonni stettero a	4. una strada profonda e lastricata
5. La nonna gli riempí le mani	5. volesse tornare in città
6. Il nonno gli domandò ancora se	6. di quella roba buona

C. Traducete in italiano le parole in parentesi.

1. Avevo detto a Cesarino che noi (would go) ——————— a trovare i miei genitori.
2. (He was) ——————— contento di andare a trovare i nonni.
3. Mentre ero in treno, (I liked) ——————— guardare il mare.
4. «Il ragazzo vuole (his mother) ———————», disse la nonna.
5. (We like) ——————— i dolci che la nonna ha preparato.
6. Poi la nonna guardò (her husband) ——————— negli occhi.
7. Mi piacciono (more) ——————— le arance (than) ——————— le ciambelle.
8. Il nonno era (kinder than) ——————— nonna.
9. Il ragazzo non voleva piú (go back) ——————— a casa.
10. Cesarino (had started) ——————— a inseguire il gatto.

D. Argomenti per lo scritto e la conversazione.

1. Le reazioni dei nonni alla vista del nipote, piú che nell'azione della vicenda, assumono intensità nei gesti, nei movimenti e nelle poche parole dei due vecchi. Mettete in evidenza questi aspetti che sottolineano l'amore intenso e un po' riservato dei due nonni verso il nipotino.
2. Quali ricordi suscita in voi la descrizione del viaggio di Cesarino col padre.

Eugenio Montale

 (1896 – 1981)

Il piú grande poeta del Novecento italiano nacque a Genova, in Liguria, nel 1896; ma passò gran parte della sua infanzia e adolescenza a Monterosso, nelle Cinque Terre, sul mar Ligure, dove il rapporto strettissimo, viscerale col mare gli offrí spunto per la piú parte delle sue poesie. Partecipò alla prima guerra mondiale come ufficiale di fanteria. La sua prima raccolta di poesie, *Ossi di seppia* (1925), ne rivelò il temperamento drammatico, rivolto a rintracciare, nell'assurdità della vita, una ragione che ne giustificasse la sua realtà e il suo prolungarsi nel tempo. Nel 1927 si stabilí a Firenze, lavorando dapprima presso l'editore Bemporad; poi, dal 1929, al Gabinetto scientifico-letterario G. P. Vieusseux, dove proseguí la sua attività fino al 1938, quando dovette dare le dimissioni perchè non aveva aderito al partito fascista. La seconda raccolta di liriche, *Le occasioni* (1939), metteva in evidenza maggiore il dissidio fra una storia personale sofferta e nascosta e il nonsenso dell'esistere, venendo a costituire, per certi versi, un presagio della guerra imminente. Dopo la seconda guerra mondiale si è trasferito a Milano, dove ha lavorato, come redattore, al *Corriere della Sera,* il piú importante quotidiano milanese, fino al momento della pensione. La raccolta *La bufera e altro* (1956), raffinata e enigmatica, ne consacrava definitivamente la fama. Negli ultimi anni si è dedicato soprattutto a una poesia cronachistica, tra riflessione morale e amaro sarcasmo, con *Satura* (1971), *Diario del '71 e del '72* (1973), *Quaderno di quattro anni* (1977). Nel 1975 ha ricevuto il premio Nobel per la letteratura. Le sue liriche sono state raccolte, poco prima della sua morte, avvenuta a Milano nel 1981, in un'edizione critica, *L'opera in versi* (1980). Oltre che poeta, Montale è stato suggestivo prosatore (*La farfalla di Dinard,* 1956), critico (*Auto da fé,* 1966) e traduttore (*Quaderno di traduzioni,* 1948).

Il fiore che ripete

Il fiore[1] che ripete
dall'orlo del burrato°   *the edge of the precipice*
non scordarti di me,
non ha tinte piú liete° ne piú chiare   *joyful*
dello spazio gettato tra me e te.

---

[1] **fiore** in this case, the forget-me-not, which is commonly known in Italian as "nontiscordardimé."

Eugenio Montale. Premio Nobel, 1975. (Courtesy Archivio I.G.D.A., Milano.)

Nontiscordardimé (Myosotis alpestris). *(Courtesy Archivio I.G.D.A., Milano.)*

Un cigolío° si sferra[2], ci discosta°,
l'azzurro pervicace° non ricompare.
Nell'afa° quasi visibile mi riporta all'opposta
tappa°, già buia, la funicolare.

(1937–1938)

(From *Le occasioni*)

a creaking noise/separates us
obstinate
oppressive, sultry heat
streetcar station

The streetcar leaves, carrying the poet away and separating him from the woman he loves.

[2] **si sferra** *moves abruptly.* The verb is applied metonymically to the noise produced by the streetcar rather than to the streetcar itself.

45

Esercizi

A. Domande.

1. A quale fiore si riferisce il poeta?
2. Da chi si sta separando il poeta?
3. Qual è il mezzo di trasporto che allontana il protagonista dalla donna amata?
4. Quali sono i sentimenti del poeta?

B. Usate ciascuna delle seguenti espressioni per formare altrettante frasi.

1. tra me e te
2. non ricompare
3. mi importa
4. la funicolare

Al Saint James di Parigi dovrò chiedere

Al Saint James[1] di Parigi dovrò chiedere
una camera «singola». (Non amano
i clienti spaiati°). E così pure   *without a partner*
nella falsa Bisanzio[2] del tuo albergo
veneziano; per poi cercare subito
lo sgabuzzino° delle telefoniste,   *small room*
le tue amiche di sempre; e ripartire,
esaurita la carica meccanica°,   *the spring mechanism used to*
il desiderio di riaverti, fosse   *load a mechanical object,*
pure° in un solo gesto o un'abitudine.   *such as a watch/even if it*
                                                            were only

(1964)

(From *Satura*)

A poem after the death of the Poet's wife.

Esercizi

A. Domande.

1. Qual è lo stato d'animo del poeta nell'affermare che in albergo «Non amano i clienti spaiati»?

[1] **Saint James**   a famous hotel in Paris.
[2] **falsa Bisanzio**   hotel in Venice recalls the pretentious opulence of ancient Byzantium, capital of the East Roman Empire.

2. Perché il poeta chiama Venezia la «falsa Bisanzio»?
3. Quale desiderio rimane al poeta ora che la moglie è morta?

B. Traducete in italiano le parole in parentesi.
1. I fiori (of your) _____ giardino sono bellissimi.
2. Sei arrivato adesso (from the) _____ città?
3. Non scordarti (of) _____ noi!
4. Qui, (in the) _____ mese di agosto c'è sempre afa.
5. La casa di Roberto è (in the) _____ direzione opposta.
6. La funicolare ci porterà da una parte (to the) _____ altra della valle.

L'Arno a Rovezzano

I grandi fiumi sono l'immagine del tempo,
crudele e impersonale. Osservati da un ponte
dichiarano la loro nullità inesorabile.
Solo l'ansa esitante° di qualche paludoso   *a bend in the river where the*
giuncheto°, qualche specchio   *water slows down/a*

Toscana. Valdarno superiore. (Courtesy Archivio I.G.D.A., Milano.)

che riluca° tra folte sterpaglie° e borraccina°
può svelare che l'acqua come noi pensa se stessa°
prima di farsi vortice e rapina°.
Tanto tempo è passato, nulla è scorso
da quando ti cantavo al telefono «tu
che fai l'addormentata[1]» col triplice cachinno°.
La tua casa era un lampo visto dal treno[2]. Curva
sull'Arno come l'albero di Giuda[3]
che voleva proteggerla. Forse c'è ancora o
non è che una rovina. Tutto piena,
mi dicevi, di insetti, inabitabile.
Altro comfort fa° per noi ora, altro
sconforto.

*swampy area where reeds
grow/shines/thickets/
moss/reflects upon
itself/before becoming a
whirlpool or angry torrent*

laugh

is necessary, appropriate.

(1969)

(From *Satura*)

The Arno is a river in Tuscany, in central Italy, which flows through Florence. Rovezzano is a small town on the Arno.

Esercizio

Domande.

1. Che relazione c'è tra il pensiero dell'uomo e l'acqua del fiume?
2. Quale aria cantava il poeta al telefono?
3. Perché il poeta non può vedere bene la casa dal treno?
4. Come sono le foglie della pianta di Giuda? E i fiori?
5. In che modo la conclusione «Altro comfort fa per noi ora, altro/sconforto» può essere messa in relazione col resto della poesia?

---

[1] **«tu/che fai l'addormentata»** an aria from the opera *Mephistopheles* by Arrigo Boito.
[2] **La tua... treno** from the train, it was only possible to see your house for a moment (because it was moving so rapidly).
[3] **albero di Giuda** *Judas tree.* A plant with large round leaves and bunches of pink or red flowers, which is cultivated in gardens.

Giuseppe Tomasi di Lampedusa

 (1896–1957)

Nacque nel 1896 a Palermo, in Sicilia, dalla famiglia aristocratica dei duchi di Palma e Montechiaro, principi di Lampedusa. Fu viaggiatore curioso e appassionato. Durante un soggiorno a Londra conobbe la principessa Alessandra Wolff-Stomersee, studiosa di psicanalisi, che divenne sua moglie. Bibliofilo e erudito, lettore di libri storici e di romanzi stranieri, soprattutto francesi, trascorse la vita senza dare alle stampe un solo rigo. Soltanto dopo la sua morte, avvenuta a Roma nel 1957, la pubblicazione di un romanzo inedito, il *Gattopardo,* lo rivelò come scrittore di straordinario talento. Il libro, in cui l'autore tracciava una specie di ideale autobiografia, narrava le vicende del principe siciliano Fabrizio di Salina al tempo del tramonto borbonico in Italia e della spedizione dei Mille (1860). Pubblicato postumo nel 1958, il *Gattopardo* fu tuttavia «pensato» dall'autore per quasi venticinque anni; fu invece scritto di getto in pochi mesi, fra il 1955 e il 1956. La sua fortuna fu immediata, sia in Italia, dove ormai è considerato un classico, sia all'estero. Ad essa contribuì anche la trascrizione cinematografica curata da Luchino Visconti nel 1963.

Il ballo a Palazzo Ponteleone

Quella tonalità solare°, quel variegare di brillii e di ombre° fecero tuttavia dolere° il cuore di don Fabrizio, che se ne stava nero e rigido nel vano° di una porta: in quella sala eminentemente patrizia gli venivano in mente immagini campagnole°: il timbro cromatico° era quello degli sterminati seminai° attorno a Donnafugata[1], estatici, imploranti clemenza sotto la tirannia del sole[2]: anche in questa sala, come nei feudi° a metà agosto, il raccolto° era stato compiuto° da tempo, immagazzinato° altrove e, come là, ne rimaneva soltanto il ricordo nel colore delle stoppie°, arse° d'altronde e inutili. Il valzer° le cui note traversavano l'aria calda gli sembrava solo una stilizzazione di quell'incessante passaggio dei venti che arpeggiano il proprio lutto° sulle

the ballroom is decorated in gold/the shimmering lights and shadows/suffer/opening

rustic, having to do with the country/tonality, color/endless fields

estates, country property of the nobility/harvest/completed/stored

stubble/burned, scorched (by the sun)/waltz

play their mournful chords

---

[1] **Donnafugata**   country estate of the Salina family where they spent the summers.
[2] **imploranti clemenza sotto la tirannia del sole**   nature itself is implicated in the Prince's tragic vision of the world; it shares his anguish and suffering.

49

Luchino Visconti. Scena dal film Il Gattopardo *(1963). (Courtesy Archivio I.G.D.A., Milano.)*

superfici assetate°, ieri, oggi, domani, sempre, sempre, sempre. La folla dei danzatori, fra i quali pur contava tante persone vicine alla sua carne° se non al suo cuore, finì col sembrargli irreale, composta di quella materia della quale son tessuti° i ricordi perenni, che è piú labile° ancora di quella che ci turba° nei sogni. Nel soffitto gli Dei, reclini su scanni dorati[3], guardavano in giú sorridenti e inesorabili come il cielo d'estate. Si credevano eterni: una bomba fabbricata a Pittsburg, Penn., doveva nel 1943 provar loro il contrario.

parched surfaces (of the fields)

closely related

woven/fragile, ephemeral
disturbs

[3] **Nel soffitto gli Dei, reclini su scanni dorati** the Gods reclining on golden benches are figures in a ceiling fresco in the ballroom.

«Bello, Principe, bello! Cose cosí non se ne fanno piú adesso, al prezzo attuale dell'oro zecchino°!» Sedàra[4] si era posto vicino a lui: i suoi occhietti svegli percorrevano l'ambiente, insensibili alla grazia, attenti al valore monetario.

Don Fabrizio, ad un tratto°, sentí che lo odiava; era all'affermarsi di lui, di cento altri suoi simili°, ai loro oscuri intrighi, alla loro tenace avarizia e avidità che era dovuto il senso di morte che adesso, chiaramente, incupiva° questi palazzi; si doveva a lui, ai suoi compari°, ai loro rancori, al loro senso d'inferiorità, al loro non esser riusciti a fiorire[5], se adesso anche a lui, don Fabrizio, gli abiti neri dei ballerini ricordavano le cornacchie che planano°, alla ricerca di prede putride°, al di sopra dei valloncelli sperduti°. Ebbe voglia di rispondergli malamente, d'invitarlo ad andarsene fuori dai piedi°: Ma non si poteva: era un ospite, era il padre della cara Angelica. Era forse un infelice come gli altri.

«Bello, don Calogero, bello. Ma quello che supera tutto sono i nostri due ragazzi». Tancredi e Angelica passavano in quel momento davanti a loro, la destra inguantata° di lui posata a taglio sulla vita° di lei, le braccia tese e compenetrate, gli occhi di ciascuno fissi in quelli dell'altro. Il nero del *frac*° di lui, il roseo della veste° di lei, frammisti, formavano uno strano gioiello. Essi offrivano lo spettacolo patetico piú di ogni altro, quello di due giovanissimi innamorati che ballano insieme, ciechi ai difetti reciproci, sordi agli ammonimenti del destino°, illusi che tutto il cammino della vita sarà liscio° come il pavimento del salone, attori ignari° cui un regista° fa recitare la parte di Giulietta e quella di Romeo nascondendo la cripta e il veleno, di già previsti nel copione°. Né l'uno né l'altro erano buoni, ciascuno pieno di calcoli, gonfio di mire segrete[6]; ma entrambi erano cari e commoventi°, mentre le loro non limpide ma ingenue ambizioni erano obliterate dalle parole di giocosa tenerezza che lui le mormorava all'orecchio, dal profumo dei capelli di lei, dalla reciproca stretta° di quei loro corpi destinati a morire[7].

(From *Il gattopardo*)

Margin glosses:
- of purest gold
- suddenly
- men like him
- darkened
- companions, accomplices
- hovering crows, vultures
- putrefying prey
- distant valleys
- to leave him alone
- his gloved right hand
- waist
- tailcoat/the pink color of her dress
- blind to each other's faults, deaf to the warnings of destiny/smooth/ignorant, innocent/director
- even the image of the dancing couple suggests a vision of death
- moving
- embrace

[4] **Sedàra** Angelica's father.
[5] **non essere riusciti a fiorire** under the old regime these men had had no opportunity to gain power and wealth.
[6] **ciascuno pieno di calcoli, gonfio di mire segrete** both Tancredi and Angelica are secretly ambitious to achieve power and status through their marriage.
[7] **di quei loro corpi destinati a morire** the funereal sense of human destiny envelops all the characters and is the dominant theme of *Il gattopardo*.

This description of the ball at Palazzo Ponteleone — in Palermo, Sicily — comes from the novel Il gattopardo *(popularized in the film version by Luchino Visconti). The leopard of the title is the animal on the Salina family crest. The action takes place in the months immediately following Garibaldi's campaign of the Thousand (1860). Prince Fabrizio, the protagonist, is a member of the ancient Sicilian nobility and a disenchanted witness to the historical transition between two regimes and two generations in Italian society. The Prince attends the ball, held to express the homage of the Sicilian nobility toward their Piedmontese conquerors, in the company of his favorite nephew Tancredi Falconieri, who has fought with Garibaldi and who has become engaged to Angelica, the daughter of a crude but ambitious bourgeois. Their marriage represents the union of the declining Bourbon aristocracy with the new wealth of the landowning bourgeoisie. But the promise of Tancredi's marriage and the radiant image of youth represented by the figures of Tancredi and Angelica do not allay the despair of the Prince, absorbed in a vision of disintegration and death.*

Esercizi

A. Domande.

1. Quali immagini vengono in mente a Don Fabrizio, mentre si trova nell'elegante sala di Palazzo Ponteleone?
2. Che cos'è Donnafugata?
3. Che tipo di musica attraversa l'aria?
4. Cosa c'è raffigurato nel soffitto della sala?
5. Di quale bomba, fabbricata a Pittsburg, si parla?
6. A cosa si rivolge soprattutto l'attenzione di Sedàra?
7. Perché Don Fabrizio odia tanto Sedàra?
8. Perché non può rispondergli male?
9. Chi passa in quel momento davanti ai due uomini?
10. Che cosa forma quello strano gioiello?
11. Perché i due innamorati offrono lo spettacolo piú patetico di ogni altro?
12. Quali personaggi sembrano impersonare Tancredi ed Angelica?

B. Definite il nome usando la forma riflessiva del verbo corrispondente, secondo l'esempio.
   ESEMPIO: un ballo
          Un ballo è qualcosa che si balla.
   1. un raccolto
   2. un ricordo
   3. un sogno
   4. un'affermazione
   5. una ricerca
   6. una risposta
   7. un calcolo
   8. un pensiero

C. Argomenti per lo scritto e la conversazione.

1. Attraverso gli elementi forniti dal brano letto, caratterizzate sul piano morale e psicologico il personaggio di Sedàra.

2. Il Principe e Sedàra: l'aristocratico e il borghese a confronto. Prendete spunto dall'ambiente della Sicilia ottocentesca per ricordare altri esempi storici a voi noti, in cui l'universo aristocratico ha dovuto lasciare il posto ad una nuova classe sociale in ascesa.

Salvatore Quasimodo

 (1901 – 1968)

Nato nel 1901 a Siracusa, in Sicilia, compí studi tecnici. Visse a Firenze; nel 1934 si trasferí a Milano, dove insegnò, dal 1941, letteratura italiana al Conservatorio «Giuseppe Verdi». La sua prima raccolta di liriche, *Acque e terre* (1930), anticipava integralmente i motivi e i modi stilistici della sua produzione: la limpidezza formale, la suggestione evocativa dei paesaggi della sua terra natale, la tensione verso sentimenti assoluti. Seguirono *Òboe sommerso* (1932), una raffinata e indimenticabile traduzione dei poeti lirici greci (1940) e, nel 1942, *Ed è subito sera*, considerato il suo capolavoro. L'esperienza della guerra arricchí di una nuova coloritura realistica la sua vocazione poetica: ne diedero prova le raccolte *Giorno dopo giorno* (1947), *La vita non è sogno* (1949), *Il falso e vero verde* (1956), *La terra impareggiabile* (1958), dove emergeva l'animosità di una battagliera vena civile. Nel 1959 gli fu assegnato il premio Nobel. Morí a Napoli nel 1968.

Ora che sale° il giorno
rises

Finita è la notte e la luna
si scioglie lenta nel sereno°,   *slowly dissolves in the clear*
tramonta nei canali¹.   *light of dawn*

È cosí vivo² settembre in questa terra
5 di pianura, i prati° sono verdi   *fields*
come nelle valli del Sud³ a primavera.
Ho lasciato i compagni,
ho nascosto il cuore dentro le vecchie mura⁴,
per restare solo a ricordarti.

10 Come sei piú lontana della luna,
ora che sale il giorno
e sulle pietre batte il piede dei cavalli⁵!

(From *Ed è subito sera*)

---

¹ **nei canali**   the canals of the Po valley; this muted landscape serves as background to the poem, like the landscapes in Italian Renaissance painting.

² **È cosí vivo**   nature's vitality is like that of the poet's love for the woman from whom he is separated.

³ **come nelle valli del Sud**   the landscape of Lombardy, the poet's second home, merges with that of his native Sicily.

⁴ **ho nascosto il cuore dentro le vecchie mura**   I have returned home to reflect on these feelings in solitude.

⁵ **il piede dei cavalli**   the sounds of the new day that is beginning.

*The day is breaking against the background of landscape in Lombardy,
which reminds the poet of the green valleys of his native Sicily; and the poet
feels more intensely than ever the longing to be reunited with the woman he
loves.*

Esercizi

A. Domande.
1. Che cosa significa l'espressione «Ora che sale il giorno»?
2. In quale regione italiana è ambientata la poesia?
3. Com'è considerato dal poeta il mese di settembre?
4. Il verde della pianura padana richiama alla mente del poeta un'altra zona dell'Italia. Quale?
5. Cosa fa il protagonista per potere pensare piú intimamente alla donna amata?

B. Volgete al plurale le seguenti frasi.
1. La notte si scioglie lentamente.
2. La valle è verde.
3. Ho lasciato il compagno.
4. Hai lasciato tutto ciò che avevi.
5. Resta solo.
6. Il piede del cavallo batte sulla pietra.

C. Argomento per lo scritto e la conversazione.
Settembre nella pianura padana è verde come le valli del Sud in primavera. Oltre alle differenze climatiche, quali altri aspetti (culturali, storici, sociali, economici, ecc.) differenziano il Sud dal Nord dell'Italia?

Alle fronde dei salici

E come potevamo noi° cantare   *we poets*
con il piede straniero sopra il cuore[1],
fra i morti abbandonati nelle piazze[2]
sull'erba dura di° ghiaccio, al lamento   *hardened by*
5 d'agnello° dei fanciulli, all'urlo nero   *the cry of an innocent,*
della madre che andava incontro al figlio   *helpless victim*
crocifisso sul palo del telegrafo[3]?
Alle fronde dei salici, per voto,

[1] **con il piede straniero sopra il cuore**   the poet alludes to the German occupation during World War II.
[2] **i morti abbandonati nelle piazze**   as a reprisal for actions against the occupying army, the Germans publicly executed Italians and left their bodies in the **piazze** to intimidate the community.
[3] **crocifisso sul palo del telegrafo**   reenacting the crucifixion of Christ, using the instruments of modern technology.

anche le nostre cetre erano appese,
10 oscillavano lievi al triste vento[4].

(From *Giorno per giorno*)

How could we write poetry while the foreigners were trampling our hearts and young men were crucified on telegraph poles? In the face of such horror, the poet explains, he interrupted his song: in the Biblical image, he hung up his lyre on the branches of the willow trees.

Esercizi

A. Domande.

1. A quale dominazione si riferisce l'espressione «il piede straniero»?
2. Chi sono «i morti abbandonati»?
3. Perché i morti, dopo l'esecuzione, venivano abbandonati nelle piazze?
4. A quale modello s'ispira l'immagine del poeta che appende la sua cetra al salice?

B. Volgete il verbo al presente indicativo.

1. E come potevamo noi cantare?
2. La madre andava incontro al figlio.
3. Le nostre cetre erano appese alle fronde dei salici.
4. Esse oscillavano lievi al triste vento.

C. Argomento per lo scritto e la conversazione.
Prendendo spunto da questa lirica, discutete sulle vicende della Resistenza (1943 – 1945).

---

[4] **Alle fronde... vento**   the image is from the Bible (Psalm CXXXVI, the lament for the slavery of the Hebrew people in Babylon: "Super flumina Bablonis, illic sedimus et flevimus, cum recordaremur Sion. In salicibus in medio eius suspendimus organa nostra"). The ancient prophet hung his lyre on the willow tree while he waited for better times when he might resume his song.

Cesare Zavattini

 (1902 –   )

Nato a Luzzara di Reggio Emilia (1902), esordí con le prose di *Parliamo tanto di me* (1931), a cui seguí *I poveri sono matti* (1942), due dei libri umoristici piú originali e poetici di quel periodo. Dalla sua terza opera, *Io sono il diavolo* (1942), uno spiritoso e divertente volume di un anno precedente a quel *Totò il buono* (1943) che divenne piú tardi la sceneggiatura del film *Miracolo a Milano* (1950), Zavattini iniziò a dividersi tra la narrativa e le sceneggiature cinematografiche. Ma un etimo comune legava i due filoni: la capacità di esprimere sotto l'aspetto di una forma apparentemente svagata una morale consistente e reale, riuscendo a rivestire di poesia, spesso commovente e amara, e di umorismo anche le piú aride verità. Nella sua lunghissima e fortunata carriera di sceneggiatore, vanno ricordati i film di De Sica, *Sciuscià* (1946), *Ladri di biciclette* (1948), *Miracolo a Milano* (1951), *Umberto D.* (1952) e di Visconti (*Bellissima*, 1951).

I poveri sono matti

Voglio insegnare ai poveri un giuoco molto bello.

Salite le scale° con il passo del forestiero° (quella volta rincaserete° piú tardi del solito) e davanti al vostro uscio° suonate il campanello.

climb the stairs/stranger
you will come home
doorway

Vostra moglie correrà ad aprirvi, seguita dai figli. È un po' seria per il ritardo, tutti hanno fame.

«Come mai?» domanda.

«Buona sera, signora,» levatevi il cappello° e assumete un'aria dignitosa. «C'è il signor Zavattini?»

take off your hat

«Su, su, il lesso° è già freddo...»

boiled meat or stew

«Scusi, avrei bisogno di parlare con il signor Zavattini.»

«Cesare, andiamo, vuoi sempre giocare...»

Non muovetevi e dite: «Evidentemente si tratta di un equivoco°. Scusate, signora...»

misunderstanding

Vostra moglie si volterà di scatto°, vi guarderà con gli occhi spalancati°.

suddenly
opened wide

«Perché fai così?»

Serio, state serio, e ripetete avviandovi° giú per le scale: «Io cercavo il signor Zavattini.»

starting off

Si farà un gran silenzio, udrete° solo il rumore dei   *you will hear*
vostri passi.

Anche i bambini sono restati fermi°. Vostra moglie vi   *still/comes up to you/*
raggiunge°, vi abbraccia: "Cesare, Cesare...». Ha le la-   *tears*
grime° agli occhi. Scioglietevi° con delicatezza dall'ab-   *free yourself/embrace*
braccio°, allontanatevi mormorando: «È un equivoco,
cercavo il signor Zavattini».

Rientrate in casa dopo una ventina di minuti fischiet-   *whistling*
tando°.

«Ho tardato tanto perché il capo ufficio°...» e raccon-   *boss, head of the office*
tate una bugia° come nulla fosse avvenuto.   *lie*

Vi piace? Un mio amico a metà giuoco si mise a piangere.

(From *I poveri sono matti*)

This playful anecdote, which serves as preface to I poveri sono matti, *invites us to play an absurd game, that of joking about what ought to be our most secure possession in the world — our identity.*

Esercizi

A. Domande.
1. A chi vuole insegnare il gioco l'autore?
2. Cosa farà la moglie quando sentirà il campanello?
3. Cosa si leva il protagonista, mentre dice: «Buona sera, signora»?
4. Quando il marito le dice che «si tratta di un equivoco», cosa fa la moglie?
5. Cosa dice il protagonista avviandosi giú per le scale?
6. Cosa si sentirà nel gran silenzio?
7. Mentre abbraccia il marito, cosa dice la moglie?
8. Dopo quanto tempo rientra a casa il protagonista?

B. Volgete al plurale il verbo delle seguenti frasi.
ESEMPIO: Suono il campanello.
Suoniamo il campanello.
1. Salgo le scale.
2. Rincasa piú tardi.
3. Mi levo il cappello.
4. Assume un' aria dignitosa.
5. Voglio sempre giocare.
6. Non ti muovi.
7. Mi volto di scatto.
8. Si avvia giú per le scale.
9. Mi sciolgo con delicatezza dall'abbraccio.
10. Rientra in casa fischiettando.

11. Non racconto mai bugie.
12. Ti metti a piangere.

C. Scegliete dalla colonna **B** la parola piú adatta a completare ciascuna frase della colonna **A**.

A	B
1. Avrei bisogno di ———— con il signor Zavattini.	1. casa
2. Quella volta rincaserete piú ———— del solito.	2. rumore
3. Il lesso è ———— freddo.	3. occhi
4. Evidentemente si ———— di un equivoco.	4. mise
5. Vi guarderà con gli ———— spalancati.	5. tardi
6. Udrete solo il ———— dei vostri passi.	6. tratta
7. Rientrate in ———— dopo una ventina di minuti.	7. già
8. A metà giuoco si ———— a piangere.	8. parlare

D. Argomento per lo scritto e la conversazione.
   Raccontate qualche scherzo di cui voi stessi siete stati autori o vittime o, semplicemente, spettatori.

Mario Soldati

(1906 –)

Nato a Torino nel 1906, sovrappose all'educazione cattolica ricevuta presso le scuole dei gesuiti la formazione negli ambienti degli intellettuali liberali riuniti attorno a Pietro Gobetti, negli anni Venti. Nel 1929, vinta una borsa di studio, si recò negli Stati Uniti, dove restò fino al 1931 come professore aggregato della Columbia University. Tornato in Italia, si dedicò alle sceneggiature cinematografiche e alla narrativa. Il suo primo libro di racconti, *Salmace* (1929), e il diario del suo soggiorno americano, *America primo amore* (1935), gli diedero la notorietà. Seguí una ricca produzione narrativa di racconti e romanzi, che, negli anni, ne ha ulteriormente consolidato la fama: *La verità sul caso Motta* (1937), *A cena col commendatore* (1950), *Le lettere da Capri* (1953), *Il vero Silvestri* (1957), *Le due città* (1964), *La busta arancione* (1966), *L'attore* (1970), *La sposa americana* (1978), *Addio diletta Amelia* (1979). Soldati è maestro nel costruire trame avvincenti e serrate, e nel descrivere ambienti e situazioni. Tali pregi si ritrovano anche nella sua attività di regista cinematografico (*Piccolo mondo antico,* 1941; *Malombra,* 1942; *Le miserie del signor Travet,* 1946; *Daniele Cortis,* 1947; *Fuga in Francia,* 1948; *La provinciale,* 1953).

L'arrivo al mare

Alle 16 e 20, quando il diretto[1] fermò alla stazione di Lèvanto[2], la nevralgia° persisteva. L'avvocato Motta scese dal treno a malincuore°, e s'avviò adagio°, triste, lasciandosi sorpassare° dagli altri arrivati, gran parte mariti che, da Milano o Torino, venivano a trascorrere° la domenica in famiglia.

L'avvocato guardò un momento su, al cielo azzurro, al sole alto [...] Nella piccola stazione era la brezza languida del pomeriggio estivo, l'odore del mare.

L'avvocato Motta, avanzando lento dietro al facchino° con la valigia, sospirò°. Il mare, la spiaggia, le allegre compagnie, le signorine in costume da bagno, la possibilità finalmente di avere una relazione° decisiva...

headache
reluctantly/he set out slowly
overtake, pass
spend

porter
sighed

love affair

[1] **diretto** formerly, a fast train; now, slower than a **direttissimo, espresso,** or **rapido,** but faster than an **accelerato.**
[2] **Levanto** small resort town on the Ligurian coast, between Genoa and La Spezia.

questa realtà che, per lunghe settimane e mesi, egli aveva immaginato e desiderato: ora, ecco, stava per toccarla, per stringerla°: le ferie erano venute, egli camminava davvero sulla banchina° della stazione di Lèvanto. Ma non gliene importava piú niente. Aveva mal di testa.

Avrebbe voluto essere a Milano, in casa sua, in camera sua, nel suo letto, al buio, e non pensare piú a niente, e dormire. Certo, si persuadeva, domattina il mal di testa passerà. Ma gli pareva di cattivo augurio° arrivare in quelle condizioni.

Nino, l'ingegner Nino Boselli, era lí che aspettava al cancelletto° dell'uscita, fra una piccola folla di bagnanti° vestiti di bianco e tinte gaie, rosolati° il viso e le braccia da settimane di sole.

L'avvocato Motta, pallido, flaccido, sentí crescere il proprio disagio.

L'ingegner Boselli notò subito l'umor cupo° dell'amico, e cercò di dissiparlo:

«Ora lasciamo le valigie alla pensione e andiamo senz'altro alla spiaggia. Ti metti in costume, fai un bagno: e vedrai che questa sera sei un altro uomo!»

«No, il bagno, è impossibile; non mi sento°, mi farebbe male.»

«Va bene, ti metterai in costume lo stesso, sentirai che sollievo°!»

«Mi metterò in costume.»

Arrivarono alla spiaggia, scesero per il sentiero di assi° che difendeva dalla ghiaia scottante°, e si diressero alle cabine. Improvvisamente l'avvocato Motta si fermò: indicò nel gran sole, in mezzo alla spiaggia, un ombrellone sotto cui erano sdraiati° immobili corpi femminili.

«Chi sono quelle?»

«È il nostro ombrellone» rispose l'ingegnere.

«Ma chi sono quelle signorine?»

«Mia sorella, e tre sue amiche ospiti alla villa...»

«Le conosco, io?»

«No, non credo. Ma quell'altra, l'ultima a destra, quella col costume verde... quella la conosci benissimo: è la Porro, quella di questo inverno.»

«Marisa Porro?» fece l'avvocato togliendosi gli occhiali.

«Sí, Marisa. Tanto carina... Anzi, sta alla tua pensione.»

L'ingegner Boselli riprese a camminare verso le cabine. L'avvocato lo seguí a passi piú lenti: il cuore gli batteva forte, si sentí subito preoccupatissimo. Aveva visto Marisa tre o quattro volte, lo scorso inverno, a

grasp, embrace it
platform

bad luck

gate/swimmers
browned

dark, depressed

non me la sento *I don't feel like it*

relief

boards/scorching stones

stretched out

Milano. Non aveva avuto con lei nessun rapporto, non
aveva fatto il minimo approccio°; ma se è vero che tutte   *advance*
le donne lo commovevano°, Marisa addirittura lo scon-   *moved/overwhelmed*
volgeva°. Era la ragazza piú gaia, piú simpatica, piú
semplice che avesse incontrato. Cosí che, fin dal primo — *since the 1st moment*
momento, egli aveva provato di fronte a lei non il desi-   *the obligation of courting*
derio né la speranza, ma il preciso dovere, l'obbligo di
farle la corte. Come se la voce della coscienza gli sussur-   *whispered*
rasse°: «Avanti, vigliacco°! Imbecille, avanti! O questa   *coward*
o nessun'altra!».

(From *La verità sul caso Motta*)

This passage is taken from the novel La verità sul caso Motta. *Set in the*
Fascist period, it is the story of a bourgeois Catholic lawyer, full of inhibitions,
who during a brief vacation at the sea meets a mermaid on an abandoned strip
of beach. After an idyllic love affair with her in the depths of the sea, the lawyer
returns to society and is immediately sent to a mental hospital. In the passage
presented here, the author describes Gino Motta's arrival at the seaside and his
awkwardness and embarrassment in the presence of women.

Esercizi

A. Domande.
1. Dove ferma il diretto?
2. A che ora?
3. L'avvocato Motta si sentiva bene?
4. Scende volentieri dal treno?
5. Chi scende insieme a lui?
6. Dove guarda l'avvocato?
7. Nella stazione l'aria era immobile?
8. Perché camminando l'avvocato sospira?
9. Dove avrebbe voluto essere?
10. Chi lo attende al cancelletto dell'uscita?
11. C'è qualcun altro insieme all'ingegner Boselli?
12. Che sensazione prova l'avvocato Motta?
13. Dove lo vuol portare l'avvocato?
14. Dove passano per scendere alla spiaggia?
15. Perché l'avvocato Motta si ferma all'improvviso?
16. Chi sono le signorine sotto l'ombrellone?
17. Dove alloggia Marisa Porro?
18. Che sentimento prova l'avvocato Motta nei suoi confronti?
19. Che cosa gli suggerisce la voce della coscienza?

B. Scegliete nella colonna **B** il vocabolo piú adatto a completare la frase della
colonna **A**.

A

1. I bagnanti si cambiano nella _____ .
2. Il _____ ferma a Genova solo cinque minuti.
3. Il facchino ti ha portato le _____ fino all'albergo.
4. Andiamo subito alla _____ prima che faccia troppo caldo.
5. Il _____ che indossa la signorina Marisa le sta molto bene.
6. Sono arrivate le _____ e tutti vanno in vacanza.
7. Ti ho aspettato al _____ dell'uscita per piú di un'ora.
8. Questa mattina hai già fatto il _____ in mare?
9. La _____ che hai scelto è pulita e non è troppo cara.
10. Chi c'è sotto l' _____ ? È una tua amica?
11. Lascia le valige al _____ e vieni con me alla spiaggia!
12. Il treno si fermava adagio vicino alla _____ .

B

a. valige
b. banchina
c. cabina
d. ombrellone
e. ferie
f. facchino
g. treno
h. spiaggia
i. bagno
j. pensione
k. costume da bagno
l. cancelletto

C. Argomento per lo scritto e la conversazione.

Descrivete con le vostre parole il carattere dell'avvocato Motta, e spiegate se provate simpatia per questo genere di persona, o se essa è lontana dai vostri modelli.

Vitaliano Brancati

(1907 – 1954)

Nacque nel 1907 a Pachino (Siracusa) in Sicilia. Compiuti gli
studi di Lettere a Catania, si trasferí a Roma, dove intraprese la carriera di
giornalista e scrittore. Ma dalla nativa Sicilia trassero spunto i suoi romanzi
e racconti, di stampo realistico, che analizzavano con finezza e ironia il
costume, i problemi, i pregiudizi della società siciliana, e tratteggiavano il
carattere di personaggi complessi, contraddittorii, esitanti di fronte alla
vita. Le sue opere piú famose, tradotte, piú tardi, in fortunate versioni
cinematografiche, sono i romanzi *Don Giovanni in Sicilia* (1941), *Il bell'An-
tonio* (1949), *Paolo il caldo* (1952); ma Brancati fu soprattutto uno straordinario autore di racconti, molti dei quali memorabili per concentrazione
emotiva e misura stilistica. Se ne trovano esempi nella raccolta postuma
Sogno di un valzer (1982). Giunto alle soglie di un successo internazionale,
Brancati morí prematuramente a Torino nel 1954.

Senza divisa

Un giorno del 1942, a Catania, fu sguinzagliata° la poli- zia per i viali del cimitero: si cercava una tomba, che, secondo la denuncia di una spia, portava questa lapide°:	*unleashed* *had a tombstone with this inscription*

> Carlo Marucchio — 1866 – 1942
> *Nell'epoca delle divise° visse
> senza divise*

uniforms

La lapide essendo stata trovata dai questurini° che non credevano ai loro occhi, subito fu arrestata una ⁀ote del morto, la quale, a giustificazione della scrit- ᵗeraria, presentò queste pagine di «diario». ⁀8, il conte Carlo Marucchio aveva sei mesi. ᵇarone Giovanni Marucchio, tenente° di ᵉli episodi di questa guerra, il con- ᵐbe fasciate°. Le parole: can- ⁿdiera, riempirono la sua ᵒ serenamente. Lo zio, ᶜhe la scarsa età e il sonno° ᵎ, toccò il nipote con un dito ᵛedremo cosa farai tu!»	*guards* *lieutenant* *little count* *wrapped with swaddling clothes/charges* *irritated* *robbed, took away from*

Manifesto. Federazione dei Fasci da combattimento di Milano. Milano, Museo del Risorgimento. (Courtesy Archivio I.G.D.A., Milano.)

Purtroppo quel bambino di sei mesi aveva uno strano destino. Nel 1911, quando scoppiò la guerra d'Africa, il conte Carlo Marucchio, già canuto°, si trovava in una landa° desolata dell'America del nord, e apprendeva° gli avvenimenti con un ritardo di sei mesi. Anche questa piccola guerra non riuscí a trovare il suo orecchio finché non appartenne al numero dei fatti compiuti°.

white-haired
prairie/learned, heard about

accomplished, completed

Nel luglio del 1914, egli fu operato di appendicite. Una operazione da nulla. Tuttavia il chirurgo riuscí a complicarla dimenticando un po' di bambagia° nello stomaco del suo paziente. La febbre risalí la sera stessa dell'operazione, e il conte rimase per molti giorni fra la vita e la morte.

cotton

I parenti lasciavano nell'anticamera i giornali coi grossi titoli di scatola°, in cui si annunziava l'ultimatum dell'Austria alla Serbia. Il *Corriere della Sera,* con le notizie sulla battaglia della Marna, fu steso° sul ventre del conte per coprire una sorta di cataplasma° fumante.

block-letter headlines

spread out
poultice

I parenti leggevano meccanicamente qualche parola o sillaba che pendeva° fuori dell'involucro[1]: *Marn, battaglia, fr, ted*[2]; ma nessuno le pronunciava a voce alta, e del resto°, se lo avessero fatto, l'ammalato delirante non avrebbe capito.

hung, protruded
anyway

In settembre, il conte uscí fuori di pericolo, ma con una tale debolezza di nervi che tutti, nel parlargli, furono costretti a misurare le parole° e a scegliere, fra le notizie, le piú scialbe° e comuni. Ciascuno aveva sulla lingua: «La guerra!» e nella mente: «Tu non sai nulla, e intanto c'è il finimondo!», ma nessuno si permise di pronunciare una sola sillaba di queste parole.

speak cautiously
bland

Presto fu necessario trasportare il conte sull'Etna, in una località deserta e priva di sentieri, detta il Pomiciaro, entro una casa che riceveva, ogni domenica, la visita di una mula con le provviste per la settimana.

Qualunque notizia, ormai, anche la piú normale, metteva il conte in un orgasmo° penoso. Bisognava che non fosse accaduto nulla, nulla nel senso piú estremo, perché egli dormisse la notte. La migliore medicina era non dirgli nemmeno una parola e lasciarlo a letto, fra quattro pareti nude, a cercare invano un pretesto per essere inquieto.

agitation

Lo assisteva un estraneo°, perché il conte non poteva reggere° il peso degli affetti. Nella debolezza in cui era caduto, le emozioni che gli dava il solo ricordo dei pa-

person not belonging to the family/bear

---

[1] **involucro** *wrapping.* The poultice was wrapped in the newspaper.
[2] *Marn, battaglia, fr, ted* abbreviations for «**Marna, battaglia, francesi, tedeschi.**»

renti erano piú grandi di quelle che darebbe a un uomo
sano il rivedere la moglie creduta morta per dieci anni.

Il barone Rosario Marucchio (figlio di quel barone
Giovanni, che aveva inutilmente raccontato, alla presenza del piccolo conte, gli episodi della guerra del '66)
per visitare il cugino dovette lasciare la divisa di capitano, alla quale si era molto affezionato, e presentarsi nel
piú goffo° degli abiti borghesi.

awkward

Il barone Rosario squadrò° il conte, l'unico uomo del
mondo, dopo i morti e i pazzi, che ignorasse la terribile
guerra, che ormai volgeva° al suo termine, e si sentí
subito legato a lui da un'antipatia smisurata° come il piú
ardente degli amori: un'antipatia anche sfortunata
perché non era corrisposta°. Gli veniva voglia di gridare
in quell'orecchio di cera°: «Imbecille! C'è la guerra! C'è
la guerra, stupido! E se vuoi morire di emozione,
crepa°!» Ma si tenne°: E ridiscese lentamente la montagna, sputando fiele° sulle ginestre e i rovi.

looked over, looked up and down

was nearing

immense,

reciprocated,

wax

go ahead and die/he refrained

bile, bitterness (fig.)

Finalmente il conte guarí. Ma si era già nel '19. La
guerra gli fu raccontata come un romanzo: naturalmente, prima gli fu detta la fine, e poi il principio.

«Adesso,» gli ripeteva il cugino con odio, «valla a
trovare un'altra guerra! L'hai perduta, mio caro! L'hai
perduta! Sono grandi esperienze! Tutti c'eravamo,
anche le donne e i bambini, e tu no!»

«Che ci posso fare?» mormorava il conte, con la sua
debole voce.

Quando s'incontravano, il che accadeva spesso,
perché l'antipatia genera° anche il bisogno di vedersi, i
due cugini parlavano sempre di guerra.

causes

«È stata terribile!» diceva il barone. «Non ce ne sarà
mai un'altra simile!»

Il conte s'era guarito completamente, aveva acquistato una bella cera° e una voce robusta, e per le strade si
sentiva sempre qualcuno che mormorava alle sue spalle:
«Ecco un uomo che dev'essere stato molto bello,
vent'anni fa!» Amava i cibi forti, i vini forti, e le conver-
sazioni rumorose. La natura gli dava tardi quello che gli
aveva negato in gioventú. Avviandosi verso i set-
tant'anni, egli minacciava di rimbambire° piú per un
eccesso di forza che per debolezza di nervi. Anche nei
giorni in cui non beveva, conservava nel viso l'espressione ilare° dell'ubriaco, e diceva frasi volgari.

complexion, color

to grow childish, senile

cheerful

Nel 1938, queste frasi divennero cosí frequenti che
non era esagerato domandarsi se non fosse del tutto
rimbambito.

«Eccolo!» esclamò il cugino quando, nel 1939, dopo

un anno di assenza, tornò da Bologna con la notizia della guerra di Polonia. «Eccolo! Non capisce piu nulla. Eccolo, è rimbambito! Che gli dici di guerra e di Polonia? Se non sa nemmeno come si chiama?»

Il conte lo guardava con la solita espressione ilare che gli ingrandiva il bianco degli occhi. «Ehi?» faceva, «Ehi?»

«Sí, ehi! Come vuoi tu: ehi!» Qui il barone alzava la voce: «È scoppiata la guerra!» La riabbassava sfidu- *discouraged* ciato°. «È meglio dirlo al muro!» Poi gridava come un ossesso: «C'è da impazzire, a pensarci! C'è da impazzire!»

Uscí sbattendo la porta, e la sera stessa ripartí per Bologna.

Oggi il vecchio conte è totalmente istupidito. Collo- *placed* cato°, come un idolo, in una sedia alta e chiusa anche davanti, nei pomeriggi di estate viene portato al balcone, ove° rimane ore intere a posare gli occl sui passanti che *where* non vede.

Il suo viso di legno tarlato° sopporta il sole e il *worm-eaten* vento senza riscaldarsi né scomporsi° minimamente. *being disturbed* Quando, la notte, tre colpi di sirena fanno scendere dai piani elevati, con le pantofole° o le scarpe male allac- *slippers* ciate, centinaia di migliaia di persone, come le for- *ants* miche° che fanno ressa° attorno a un buco per rintan- *crowd/to hide in their nest* arsi°, il vecchio conte viene anche lui nel rifugio, domandando: «Che ora è? Usciamo? Che ora è?» Lo fanno sedere in un angolo, e gli stendono una coperta sulle ginocchia.

Egli non dice nulla, non scorge le persone lontane e vede confusamente le vicine, e quando uno scoppio° fa *explosion* tremare le viscere° della terra, domanda: «Che ora è?» *bowels* Sebbene parecchie persone, anche dei bambini dalla voce squillante° e capaci di ripetere la stessa parola *shrill* mille volte, si siano accanite° a spiegargli che c'è la *have tried persistently* guerra, il conte non l'ha capito. Il cavallo della carrozza *rental carriage* da nolo°, che, abbandonato dal suo cocchiere°, rimane *coachman, driver* in piazza durante le incursioni°, ha della guerra un con- *invasions; here, air raids* cetto piú chiaro che non il conte Carlo Marucchio (settembre 1941).

Letto questo diario, i poliziotti si morsero le labbra. Ma la spia, che era fra di essi, si morse addirittura una mano. Nelle domande, con cui chiedeva un aumento di stipendio, egli soleva° firmarsi: «Un combattente di *used to* tutte le guerre».

(From *Sogno di un valzer e altri racconti*)

This story, first published in the journal L'Italiano, *was reprinted in the anthology* Sogno di un valzer e altri racconti. *Brancati tells the story of a man who lived from the late nineteenth to the mid-twentieth century in Catania, Sicily; in a period marked by a series of terrible wars, he managed to avoid wearing any military uniform at all, even escaping that of the Fascists.*

Esercizi

A. Domande.
1. Perché nell'Italia del secondo Ottocento e del Novecento, soprattutto all'epoca del fascismo, era considerato una vergogna non aver mai indossato la divisa militare?
2. Quale iscrizione recava la lapide di Carlo Marucchio?
3. Che cosa faceva il contino nel 1866, allo scoppio della terza guerra d'indipendenza?
4. Che cosa gli disse lo zio, visibilmente contrariato?
5. Dove si trovava Carlo Marucchio quando scoppiò la guerra d'Africa?
6. Quali conseguenze gli procurò, nel 1914, l'operazione d'appendicite?
7. Che cosa annunciavano i giornali con titoli a caratteri cubitali?
8. Che atteggiamento tenevano i parenti del malato?
9. Dove fu trasportato per la convalescenza?
10. Che sentimenti provava il barone Rosario di fronte al cugino?
11. Com'era invecchiato il conte?
12. Che cosa faceva il conte nella tarda vecchiaia?
13. Perché, alla fine del racconto, la spia si morde la mano?
14. C'è una morale in questo racconto?

B. Usate ciascuna delle seguenti espressioni per formare altrettante frasi.
1. un giorno
2. finché non
3. del resto
4. e intanto
5. ogni domenica
6. vent'anni fa
7. in gioventú
8. è meglio
9. ore intere

C. Argomento per lo scritto e la conversazione.
Dal racconto emerge un profilo caratteristico e preciso della società e della mentalità siciliana. Mettete in rilievo con le vostre parole gli aspetti che vi sembrano piú importanti.

Mah!

Lo zio Ciccio, il fratello maggiore di mio padre, viveva da due anni in una camera del secondo piano, dalla quale era uscito cinque o sei volte per andare alla stazione, e una ventina di volte per salire sul terrazzo. Fortunatamente egli non era decrepito e nemmeno maniaco. Dei vecchi che avevo visto ingabbiarsi volontaria- *close themselves off, as if in* mente in una soffitta° come uccelli stanchi, egli era il più *a cage* (gabbia)/*garret,* normale e sereno. La camera, che abitava, era larga e *attic* luminosa, disseminata° di giornali, libri, panchette°, *strewn*/*footstools* pipe, scarpe e bastoni°. Una finestra, grande come un *walking sticks* portone, racchiudeva° centinaia di tetti, il porto, e, in *opened on to, gave a view of* talune° sere limpide, un arco di luna che non finiva mai *some* di arrampicarsi° per un azzurro cupo e sterminato. Di *climb* rado° mio zio accendeva la lampada: le sue letture fini- *rarely* vano° col giorno, e del resto, anche durante il giorno, *anyway* egli si alzava spesso dalla sedia per andare alla finestra.
L'unica sua stranezza era una parola ch'egli pronun-
ciava di quando in quando, con un tono così basso°, di *low* una dolcezza così profonda nella sua brevità, ch'io ne
rimanevo sempre commosso°; questa parola era: *moved* «Mah!» Non c'era, in essa, né sconforto°, né dubbio°, *sorrow*/*doubt* né gioia, né delusione°, o piuttosto non c'era alcuno dei *disappointment* sentimenti umani in misura forte e preponderante, ma
un misto assai delicato e profondo di tutti.
Come uno strumento, usato per anni da esperti suon- *musicians* atori°, riesce finalmente ad emettere un *la* o *mi* di una
rara qualità, così quell'uomo, sperimentato per anni
dalla vita, era in grado di mandare un suono particolare,
un monosillabo che mi dava ogni volta una scossa° ai *shock* nervi.
La sua vita era piena di fatti e di esperienze, ma egli
non ne aveva ricavato° alcuna regola. Questo lo sot- *derived*/*kept him from* traeva° al pericolo di morire fra i proverbi°, come tanti *of ending his life accepting* altri siciliani. Molte cose gli erano parse° strane e non *proverbial "wisdom" as* era riuscito a capirle. Ma per ciò non si tormentava la *truth*/*seemed* testa, né si credeva in diritto di pronunciare grandi parole come il mistero della vita o l'inconoscibile. Si ac-
contentava di guardarle attentamente nella memoria,
guardarle, riguardarle, a finalmente diceva: «Mah!»...
La sua prima moglie era morta al buio, una sera d'es-
tate, mentre gli sedeva in faccia°. D'un tratto°, aveva *in front of him, opposite* terminato di parlare, e s'era messa a guardarlo. Egli non *him*/*suddenly*

capí e tacque° anche lui, rispondendo di tanto in tanto a   *was silent*
quello sguardo che, nel buio, gli pareva cosí infantile e
tenero.

    Per un'ora senza capire... «Mah!».

    Era morta anche la seconda moglie. Ma egli ricordava
cosí poco della seconda moglie. Era stata gentile, affettuosa, semplice, e non riusciva° a ricordare un solo atto   *managed*
di lei; qualche parola, forse; gli occhi no di certo...
«Mah!»...

    Lo zio conservava, in un tiretto°, un gran numero di   *drawer*
fotografie e di sopraccarte°. Nel mezzo, c'era anche la   *envelopes*
lettera di una tedesca che, per circostanze singolari, era
riuscita a sapere, o s'era messa in testa°, ch'egli, mio zio,   *had gotten the idea*
le aveva ucciso il figlio durante una battaglia. «Caro
signore», diceva la lettera, «io non posso rimproverarvi,
certe cose le capisce anche una madre. Ma chi sa quanti
colpi° avevate sbagliato° prima d'allora, quante volte   *shots/missed*
avevate colpito un sasso col vostro fucile°. Si chiamava   *rifle*
Federico, Fritz, e aveva le mani piccole. Oh, signore, se
anche quella volta voi aveste colpito un sasso!...».

    Non era frequente il caso che mio zio rileggesse quella
lettera; ma quando gli capitava fra mano, la portava
vicino alla finestra, la scorreva° con l'occhio voltandola   *scanned*
e rivoltandola°, poi diceva piano piano: «Mah!».   *turning it over and over*

(From Don Giovanni in Sicilia)

*This passage describes a man who seems merely eccentric but who actually
is baffled and resigned toward life, which appears to him mysterious and
inexplicable. In the monosyllable «Mah!» — which he repeats frequently, as if
lost in thought — the old man expresses the synthesis of his bewildered view of
the world.*

Esercizi

A. Domande.

    1. Dove viveva lo zio Ciccio da due anni?
    2. Oltre ai giornali, cosa c'è nella camera dello zio?
    3. Che cosa si vede dalla finestra?
    4. Quando preferisce leggere il vecchio zio?
    5. Qual è la parola che lo zio Ciccio pronunciava di tanto in tanto?
    6. Cosa provoca nell'autore quel monosillabo pronunciato dallo zio?
    7. Com'è morta la sua prima moglie?
    8. Cosa ricorda della seconda moglie?
    9. Dov'è conservata la lettera accusatrice?
    10. Cosa s'è messa in testa la tedesca?

11. Perché la tedesca dice di non poterlo rimproverare?
12. Come si chiamava il figlio ucciso?
13. Aveva delle mani molto grandi, Fritz?
14. Cosa fa lo zio quando gli capita la lettera fra le mani?

B. Completate le seguenti frasi con l'aggettivo possessivo *suo* e, quando è necessario, anche con l'articolo.

1. Il fratello maggiore di _____ padre si chiama Ciccio.
2. Nella _____ camera c'erano giornali, libri e pipe.
3. Raramente _____ zio accendeva la lampada.
4. Una sera d'estate _____ moglie morí.
5. Morí anche _____ seconda moglie.
6. _____ figlio si chiamava Fritz.

C. Argomento per lo scritto e la conversazione.
Cercate di immaginare e di ritrarre con ricchezza di particolari l'aspetto fisico del protagonista, ispirandovi, oltre che alla descrizione del racconto, anche a qualche tipo da voi conosciuto (altezza, capigliatura, occhi, naso, barba, andatura, modo di vestire, ecc.).

Alberto Moravia

(1907 –)

Nato a Roma nel 1907. Una grave malattia, da ragazzo, lo costrinse a letto per anni. Ne derivò, a causa dell'immobilità forzata, una serie infinita di letture, fondamentali per la sua formazione letteraria. Esordí giovanissimo col romanzo *Gli indifferenti* (1929), che, in piena era fascista, polemizzava apertamente col cinismo e la greve indifferenza della borghesia italiana. Seguí, a partire dagli anni Trenta, un'ampia e continua attività di narratore (*Le ambizioni sbagliate*, 1935; *L'imbroglio*, 1937; *L'amante infelice*, 1943; *Agostino*, 1944; *Racconti romani*, 1954; *Il disprezzo*, 1954; *La ciociara*, 1957; *La noia*, 1960; *Io e lui*, 1971; *La vita interiore*, 1978). Piú avanti, dal secondo dopoguerra, si è anche dedicato alla saggistica e alla critica del costume (*L'uomo come fine*, 1962), rivelandosi viaggiatore e giornalista curioso e instancabile (*La rivoluzione culturale in Cina*, 1967; *A quale tribú appartieni?*, 1972). I suoi romanzi e racconti sono conosciuti in tutto il mondo.

L'uomo, fine supremo

Il mondo moderno cerca di convincere l'uomo che esso è sempre il fine supremo e che non viene adoperato affatto come mezzo. Ossia° secondo le parole stesse dei governanti, nulla è tralasciato° nel mondo moderno per proteggere e rafforzare la dignità umana ed elevare l'uomo. Leggi innumerevoli nelle maniere piú diverse proteggono la proprietà, la vita, i diritti° dell'uomo; mentre gli viene continuamente assicurato che lavora per il benessere, la libertà, e la felicità di tutti e, dunque, di se stesso; onori, compensi e incoraggiamenti in forma di galloni°, di medaglie, di aumenti di paghe°, di elevazioni di gradi, di lodi° pubbliche e di pubblicità di ogni genere gli confermano continuamente l'utilità e dignità del suo lavoro e l'importanza sociale della sua persona. Quindi, come° lascia il lavoro, la cultura gli viene incontro coi libri, col cinema, col teatro, con la radio, coi giornali e gli occupa le ore di riposo e gli dà il senso di essere qualcosa di piú, molto piú che una semplice parte di un meccanismo anonimo. Infine la religione gli spalanca° le porte dei suoi templi e gli assicura che non

that is

overlooked, left undone

rights

(lit.) *military stripes;* (gen.) *promotions/salaries/ praise*

as soon as

opens wide

73

soltanto egli è un lavoratore e una mente ma anche un'anima. L'uomo scopre di essere un mezzo e non un fine soprattutto in occasione di crisi decisive. E infatti è proprio durante queste crisi, guerre, rivoluzioni, disastri economici, che all'uomo appare in tutta chiarezza di non essere che un mezzo tra i tanti e che il lavoro, gli oneri°,   *burdens, suffering*
la cultura e la religione del mondo moderno rivelano lo spietato disprezzo° dell'uomo onde sono intessute°. In   *scorn, disdain/with which*
altri termini l'uomo si sente ad un tratto spossessato°   *they're bound up,*
della sua corona reale e gettato al macero°, rifiuto tra i   *interwoven/*
rifiuti; e tutte quelle cose che avrebbero dovuto confer-   *dispossessed, deprived/*
marlo nella sua essenza di uomo, gli si smaschereranno°   *thrown into the trash/*
prive del carattere sacro che da lui scendeva ad esse,   *are unmasked, revealed*
nient'altro che inganni° e ornamenti.   *illusions*

Nel mondo moderno l'uomo non è che un mezzo e si è detto che questo mezzo è sempre adoperato razional-mente ossia con il massimo di violenza. Non per nulla la scienza moderna ha raggiunto° un alto grado di com-   *reached*
plessità e perfezione tecnica e la statistica è un ramo°   *branch*
importante di questa scienza. L'uomo nel mondo mo-derno potrà dire che l'uso che si fa di lui è spietato°,   *pitiless*
assurdo, crudele, ridicolo, mai che non sia razionale°.   *but never that it is not rational*
Né l'operaio nelle fabbriche°, né il contadino sui campi,   *factories*
né il servitore nella casa, né il burocrate alla scrivania potranno mai dire che la loro condizione non sia razio-nale. Se lo dicessero, la ragione sarebbe lí, mano alle   *with his statistics in hand*
cifre°, a smentirli°. I disperati appelli° dell'uomo par-   *disprove them/appeals*
tiranno dunque e non potranno non partire da qualche cosa di diverso dalla ragione, da qualche cosa che, ap-punto, gli fa sentire quanto crudele, assurdo, spietato e poco dignitoso e, insomma, disumano è il trattamento che gli viene inflitto. Questo qualche cosa non è ben chiaro né definito, perché se lo fosse l'uomo cesserebbe°   *would cease, stop*
di essere un mezzo e sarebbe di nuovo un fine. Questo qualche cosa è il sospetto, oscuro, incerto, misterioso e contraddittorio del proprio° carattere sacro.   *his own*

(From *L'uomo come fine*)

This passage is taken from the collection of essays L'uomo come fine, *an analysis of man's behavior in modern society, his problems and aspirations. According to Moravia, man is considered and used as a means. Instead, he ought to be considered an* end: *but it is up to each individual to bring about this transformation, by giving heed to his own hidden spiritual nature, which alone guarantees his sense of dignity as a human being.*

Esercizi

A. Domande.
1. Il mondo moderno cerca di convincere l'uomo di qualcosa. Di che cosa?
2. A che cosa dovrebbero servire le leggi innumerevoli?
3. Che cosa viene continuamente assicurato all'uomo?
4. L'utilità e la dignità del suo lavoro gli vengono continuamente confermate da che cosa?
5. Che cosa fa l'uomo quando lascia il lavoro?
6. Quali iniziative si assume la religione?
7. Quando l'uomo scopre di essere soltanto un mezzo?
8. Qual è la sensazione che egli prova in conseguenza di questo?
9. Come è adoperato l'uomo nel mondo moderno?
10. La condizione dell'uomo è razionale?
11. Qual è quel «qualcosa» da cui partono i disperati appelli dell'uomo?

B. Riscrivete le seguenti frasi nella forma passiva, usando il verbo *venire* invece di essere.
ESEMPIO: L'uomo è adoperato come fine, non come mezzo.
   L'uomo viene *adoperato come fine, non come mezzo.*
1. Nulla è tralasciato nel mondo moderno per proteggere la dignità umana.
2. All'uomo è assicurato il lavoro.
3. La proprietà sarà protetta dalle leggi.
4. I nostri sospetti furono confermati dalle sue stesse parole.
5. I campi non sono piú lavorati dai contadini, ma dalle macchine.
6. Gli fu inflitto un trattamento disumano.
7. Il giornale della domenica è letto da molti.
8. Lo spettacolo televisivo del sabato è seguito da tutti.

C. Argomento per lo scritto e la conversazione.
Siete d'accordo con la tesi sostenuta da Moravia? Quali sono le vostre opinioni in proposito?

L'avaro

Si dice che gli avari,° ossessionati dalla loro passione, *misers*
non siano capaci° di interessarsi ad altro che al denaro. *capable*
Ora se bastasse una certa diffusa curiosità per le cose
dell'arte e della cultura a provare che un uomo è generoso, quest'uomo era proprio Tullio. Non soltanto la parola denaro non era mai sulle sue labbra, ma altre vi

suonavano continuamente ben piú° nobili e disinteres-   *for more*
sate. Egli leggeva diligentemente tutti i libri nuovi degli
scrittori piú in vista°, seguiva con assiduità i giornali e le   *prominent*
riviste, non perdeva un solo spettacolo del cinema e del
teatro. Qualche maligno avrebbe potuto insinuare che i
libri riusciva° sempre a farseli imprestare°, che i gior-   *succeeded/to borrow them*
nali e le riviste le trovava al circolo della stampa° di cui   *press club*
era membro, e che abilmente sapeva sempre procurarsi°   *obtain*
i biglietti di favore° per qualsiasi rappresentazione che   *complimentary*
lo interessasse. Ma tale malignità non avrebbe annullato
il fatto che questa sua passione per le cose dello spirito
esisteva e pareva davvero° in lui sopraffare° ogni altra.   *indeed/overwhelm*
E non basta: egli affermava di possedere uno di quei
caratteri seri, puntuali e persino° un po' austeri che   *even*
sentono fortemente gli scrupoli di coscienza e inclinano
a crearsi dei problemi morali. Particolare questo che, se
era vero, non si accordava con una passione come
l'avarizia. La quale, notoriamente, mette con facilità a
tacere° la coscienza e non conosce altri problemi all'in-   *to silence*
fuori di° quello tutto pratico di campare la vita° spen-   *to live*
dendo il meno possibile.

Tale era Tullio, o meglio tale era stato. Perché quella
cordialità, quella liberalità, quegli interessi vasti e mol-
teplici° non erano ormai° piú che apparenza mentre un   *manifold*
tempo erano state parti essenziali del suo carattere. Ve-   *by now*
ramente, c'era stato un tempo, una diecina di anni ad-
dietro°, quando Tullio aveva vent'anni... Un tempo nel   *before*
quale i problemi morali l'avevano diviso, sia pure° su   *even if only*
fatti poco importanti, fino al punto di farlo riflettere
sopra se stesso e la propria vita. Un tempo, finalmente,
in cui aveva speso senza parsimonia per sé e per gli altri.
Ma di quel tempo e del Tullio di allora non era rimasta
che l'apparenza. La sostanza, le radici° di quella prima e   *roots*
sola fioritura° della sua vita, senza che egli se ne accor-   *flowering/without*
gesse°, anno per anno, glie l'aveva rose° l'avarizia.   *realizing/corroded*

Ci sono persone che afflitte da qualche vizio°, prima   *vice*
lo combattono, poi [...] si illudono alla fine che passi
inosservato e vi si abbandonano. E avviene al contrario
che mentre essi finiscono per non accorgersi quasi piú di
soggiacervi, agli altri il loro vizio appare cosí visibilmente da oscurare e sostituire ogni altro loro carattere.
Non diversamente avvenne a Tullio per l'avarizia. In   *at first*
principio° è verosimile° che tentasse° di contrastare   *likely/tried*
questa passione, poi non vi mise piú alcun freno° meri-   *control/deserving*
tandosi cosí pienamente° il nome di avaro che ben   *fully/very soon*
presto° gli venne attribuito.°   *was ascribed*

(From *Racconti*)

In this short story Moravia gives a psychological portrait of the miser: a young man who tries to fight his own greed by cultivating a variety of cultural interests. Naturally in the end his vice prevails.

Esercizi

A. Domande.

1. Qual è il vero interesse dell'avaro?
2. Che tipo di parole usa Tullio?
3. Dove trova i giornali e le riviste?
4. Che tipo di carattere ha Tullio?
5. I molteplici interessi di Tullio sono reali o sono solo apparenti?
6. Su cosa rifletteva Tullio a vent'anni?
7. Di cosa si illudono alla fine le persone afflitte da qualche vizio?
8. Perché Tullio si meritò il nome di avaro?

B. Rispondete alle seguenti domande usando l'imperfetto secondo l'esempio.

ESEMPIO: Leggi sempre tutti i libri nuovi degli scrittori piú in vista?
Una volta li leggevo, *adesso non li leggo piú.*

1. Segui sempre con assiduità tutti i giornali?
2. Vedi tutte le rappresentazioni della stagione teatrale?
3. Sei sempre membro del circolo della stampa?
4. Riesci sempre a procurarti i biglietti di favore per gli spettacoli?
5. Ti crei sempre tanti problemi?
6. Sei sempre ossessionato dal denaro?

C. Scegliete fra le parole in parentesi quella giusta per completare le frasi seguenti.

(davvero, tempo, certa, ben presto, all'infuori, vista)

1. Ha una _____ curiosità per le cose dell'arte e della cultura.
2. Conoscono tutte le persone piú in _____ .
3. Non parla d'altro _____ dei propri problemi.
4. Un _____ era stato molto generoso con gli amici.
5. Sembrava _____ un giovane molto serio.
6. Capimmo _____ che era ossessionato dal denaro.

D. Argomenti per lo scritto e la conversazione.

1. Nella descrizione del carattere dell'avaro, fatta da Moravia, vedete riflessa qualche persona da voi conosciuta?
2. La figura dell'avaro ha antecedenti classici nella letteratura italiana e in quelle straniere; ricordatene qualcuno.

Cesare Pavese

 (1908 – 1950)

Nacque nel 1908 a Santo Stefano Belbo, in provincia di Cuneo, nel cuore delle colline delle Langhe. Vissuto in prevalenza a Torino, dove s'era laureato in Lettere con una tesi su Walt Whitman, fu tra i primi, in Italia, ad accostarsi con passione alla letteratura americana dell'Ottocento e del Novecento, che divulgò con numerose traduzioni, da Melville, Sinclair Lewis, Dos Passos, Sherwood Anderson. Esordí come poeta con la raccolta *Lavorare stanca* (1936), in cui cercò un suo stile vicino alla prosa, cantando con toni di sobria commozione le vicende della sua terra, degli uomini, della natura. Il contrasto fra il paese natale, vissuto come il luogo delle fantasticherie d'adolescente e della beata ingenuità, e la città, che cancella ogni mito e ogni speranza, fu tipico anche della sua lunga produzione narrativa. Emergono, tra le sue opere in prosa, i racconti di *Feria d'agosto* (1946) e *La bella estate* (1949); i romanzi *Paesi tuoi* (1941), *Prima che il gallo canti* (1949), *La luna e i falò* (1950). Raggiunta fama internazionale nel secondo dopoguerra, morí suicida, in un albergo di Torino, il 26 agosto 1950.

Incontro

Queste dure° colline che han fatto[1] il mio corpo   *rocky, resistant to cultivation*
e lo scuotono° a tanti ricordi, mi han schiuso° il prodi-   *awake, disturb/revealed*
        [gio
di costei, che non sa che la vivo[2] e non riesco a com-
        [prenderla.

L'ho incontrata, una sera: una macchia° piú chiara   *spot (of color)*
sotto le stelle ambigue,[3] nella foschía° d'estate.   *haze*
Era intorno il sentore° di queste colline   *impalpable feeling, sense*
piú profondo dell'ombra, e d'un tratto° suonò   *suddenly*
come uscisse da queste colline, una voce piú netta°   *clear, precise*
e aspra° insieme, una voce di tempi perduti.   *harsh*

---

[1] **fatto** *formed*. The poet was born and raised among these hills.
[2] **vivo** *vivere* is usually an intransitive verb. Used transitively with a personal object, as here, it means *to participate profoundly in someone else's life, to care deeply for someone.*
[3] **ambigue** the stars are "ambiguous" in a metaphorical sense. Their light is obscure, too dim to give the poet the certainty he desires.

Qualche volta la vedo, e mi vive dinanzi
definita, immutabile, come un ricordo.
Io non ho mai potuto afferrarla°: la sua realtà *reach, grasp her*
ogni volta mi sfugge e mi porta lontano.
Se sia bella, non so. Tra le donne è ben° giovane: *very*
mi sorprende°, a pensarla, un ricordo remoto *catches me by surprise*
dell'infanzia vissuta tra queste colline,
tanto è giovane. È come il mattino. Mi accenna negli *her eyes show me, give me a*
          [occhi° *glimpse of*
tutti i cieli lontani di quei mattini remoti.
E ha negli occhi un proposito fermo°: la luce piú netta *clear intention*
che abbia avuto mai l'alba° su queste colline. *dawn*

L'ho creata dal fondo di tutte le cose[4]
che mi sono piú care, e non riesco a comprenderla.
        (From *Lavorare Stanca*)

This poem, first published in Lavorare stanca *(1936), is now included in Pavese's collected poems, published posthumously in 1961. The poem evokes the image of a woman once seen and perhaps loved by the poet — one who, like the other women in Pavese's poetry, is elusive and distant.*

Esercizi

A. Domande.
  1. Che sentimento prova il poeta nei confronti della donna?
  2. Com'è la donna descritta dal poeta?
  3. Che parte ha la natura in questa poesia?
  4. Com'è la voce che esce dalle colline?
  5. Perché il poeta non riesce a raggiungere la donna amata?
  6. A che cosa la paragona?

B. Usate le seguenti espressioni per formare altrettante frasi.
  1. non sa
  2. d'un tratto
  3. qualche volta
  4. ogni volta
  5. non riesco a

C. Volgete al singolare le seguenti espressioni ricavate dal testo.
  1. queste dure colline
  2. tempi perduti
  3. i cieli lontani
  4. quei mattini remoti

[4] **creata dal fondo di tutte le cose** the poet has "invented" the woman by recreating her in his imagination and in his poetry.

   5. negli occhi
   6. tutte le cose

D. Argomento per lo scritto e la conversazione.
   La poesia descrive la vicenda di un amore altamente idealizzato e mai
   giunto alla realizzazione. Vi riconoscete nei sentimenti del poeta? Pensate
   che possa ancora esistere questa specie di amore?

La langa

Io sono un uomo molto ambizioso[1] e lasciai da giovane il
mio paese, con l'idea fissa di diventare qualcuno. Il mio
paese sono quattro baracche e un gran fango°, ma lo
attraversa lo stradone provinciale° dove giocavo da
bambino. Siccome — ripeto — sono ambizioso, volevo
girar tutto il mondo e, giunto nei siti piú lontani°, vol-
tarmi° e dire in presenza di tutti: «Non avete mai sentito
nominare quei quattro tetti°? Ebbene, io vengo di là!».
Certi giorni, studiavo con piú attenzione del solito il
profilo della collina, poi chiudevo gli occhi e mi fingevo°
di essere già per il mondo a ripensare per filo e per
segno[2] al noto paesaggio.

   Così, andai per il mondo e vi ebbi una certa fortuna.
Non posso dire di essere, piú di un altro, diventato qualcuno, perché conobbi tanti che — chi per un motivo chi
per un altro — sono diventati qualcuno, che, se fossi
ancora in tempo, smetterei volentieri di arrovellarmi
dietro a queste chimere[3]. Attualmente la mia ambizione
sempre insonne° mi suggerirebbe di distinguermi, se
mai°, con la rinuncia, ma non sempre si può fare ciò che
si vorrebbe. Basti dire° che vissi in una grande città e
feci perfino molti viaggi per mare e, un giorno che mi
trovavo all'estero, fui lí lí per sposare° una ragazza bella
e ricca, che aveva le mie stesse ambizioni e mi voleva un
gran bene.° Non lo feci, perché avrei dovuto stabilirmi
laggiú[4] e rinunciare per sempre alla mia terra.

*a few huts and a sea of mud
road connecting a series of
country villages*

*when I had arrived at the
most distant places/turn
around/his native village*

I imagined

restless/if anything

suffice it to say

*on the point of marrying
she loved me very much*

---

[1] **ambizioso**   note the autobiographical element in this characterization, typical of
   Pavese's narrative and poetry.
[2] **per filo e per segno**   *in every smallest detail.* Already as a child the narrator imagined the
   nostalgia he would feel for the town he would leave behind.
[3] **smetterei volentieri di arrovellarmi dietro a queste chimere**   these words reflect
   Pavese's own regret for a life that never brought him happiness despite his literary success.
[4] **laggiú**   *over there* (i.e., in the foreign country where he met the woman).

Piemonte. Cascinale nelle Langhe (Cuneo). (Courtesy Archivio I.G.D.A., Milano.)

Un bel giorno tornai invece a casa e rivisitai le mie colline. Dei miei° non c'era piú nessuno, ma le piante e le case restavano, e anche qualche faccia nota°. Lo stradone provinciale e la piazzetta erano molto piú angusti° di come li ricordavo, piú terra terra°, e soltanto il profilo lontano della collina non aveva scapitato°. Le sere di quell'estate, dal balcone dell'albergo, guardai sovente° la collina e pensai che in tutti quegli anni non mi ero ricordato di inorgoglirmene come avevo progettato[5]. Mi accadeva se mai, adesso, di vantarmi con vecchi compaesani° della molta strada che avevo fatta e dei porti e delle stazioni dov'ero passato. Tutto questo mi dava una malinconia che da un pezzo non provavo piú° ma che non mi dispiaceva.

In questi casi ci si sposa[6], e la voce della vallata era infatti ch'io fossi tornato per scegliermi una moglie. Diverse famiglie, anche contadine, si fecero visitare perché

of my family
familiar face
narrow, small
more ordinary, prosaic
had not been diminished
often

brag to old friends in my
village

I had not felt for a long time

---

[5] **non mi ero ricordato... progettato**   during the years spent far from his village he had forgotten to boast about its beauty, as he had intended to do.
[6] **In questi... sposa**   normally, an emigrant chooses a wife when he returns to his native town.

vedessi le figliuole. Mi piacque che in nessun caso cercarono di apparirmi diversi da come li ricordavo: i campagnoli mi condussero alla stalla e portarono da bere nell'aia°, i borghesi mi accolsero nel salottino disusato[7] e stemmo seduti in cerchio fra le tendine pesanti° mentre fuori era estate. Neanche questi° tuttavia mi delusero: accadeva che in certe figliole che scherzavano imbarazzate riconoscessi° le inflessioni e gli sguardi che mi erano balenati° dalle finestre o sulle soglie° quand'ero ragazzo. Ma tutti dicevano ch'era una bella cosa ricordarsi del paese e ritornarci come facevo io, ne vantavano i terreni, ne vantavano i raccolti° e la bontà della gente e del vino. Anche l'indole dei paesani°, un'indole singolarmente fegatosa° e taciturna, veniva citata° e illustrata interminabilmente, tanto da farmi sorridere.

    Io non mi sposai. Capii subito che se mi fossi portata dietro in città una di quelle ragazze, anche la piú sveglia°, avrei avuto il mio paese in casa e non avrei mai piú potuto ricordarmelo come adesso me n'era tornato il gusto°. Ciascuna di loro, ciascuno di quei contadini e possidenti°, era soltanto una parte del mio paese, rappresentava una villa, un podere°, una costa sola°. E invece io ce l'avevo nella memoria tutto quanto, ero io stesso il mio paese: bastava che chiudessi gli occhi e mi raccogliessi°, non piú per dire «Conoscete quei quattro tetti?», ma per sentire che il mio sangue, le mie ossa, il mio respiro, tutto era fatto di quella sostanza e oltre me e quella terra non esisteva nulla.

    Non so chi ha detto che bisogna andar cauti°, quando si è ragazzi, nel fare progetti, poiché questi si avverano° sempre nella maturità. Se questo è vero, una volta di piú vuol dire che tutto il nostro destino è già stampato nelle nostre ossa, prima ancora che abbiamo l'età della ragione°.

    Io, per me, ne sono convinto, ma penso a volte che è sempre possibile commettere errori che ci costringeranno a tradire° questo destino. È per questo che tanta gente sbaglia sposandosi. Nei progetti del ragazzo non c'è evidentemente mai nulla a questo proposito, e la decisione va presa a tutto rischio del proprio destino. Al mio paese, chi s'innamora viene canzonato°, chi si sposa, lodato°, quando non muti in nulla la sua vita.

    Ripresi dunque a viaggiare, promettendo in paese che sarei tornato presto. Nei primi tempi lo credevo, tanto le

Marginal glosses:
barn
heavy curtains, drapes
not even the middle-class families
I recognized
briefly appeared/in doorways
harvests
the character of the villagers
irritable, surly
pointed out
even the liveliest, most intelligent
I had begun to enjoy again
property holders (i.e., the middle-class families)/ farm, piece of property/ only one slope of the hill/I had only to close my eyes and to concentrate
be careful
they come true
even before we reach adulthood
will force us to betray
ridiculed
praised

---

[7] **disusato** *rarely used* (because reserved for important guests).

colline e il dialetto mi stavano nitidi nel cervello°. Non   *clearly imprinted in my mind*
avevo bisogno di contrapporli° con nostalgia ai miei   *compare them*
ambienti consueti°. Sapevo ch'erano là, e soprattutto   *usual*
sapevo ch'io venivo di là, che tutto ciò che di quella terra
contava era chiuso nel mio corpo e nella mia coscienza.
Ma ormai sono passati degli anni e ho tanto rimandato°   *postponed*
il mio ritorno che quasi non oso° piú prendere quel   *dare*
treno. In mia presenza i compaesani capirebbero che li
ho giocati[8], che li ho lasciati discorrere° delle virtú della   *talk about, describe*
mia terra soltanto per ritrovarla e portarmela via. Capir-
ebbe adesso tutta l'ambizione del ragazzo che avevano
dimenticato.

(From *Racconti*)

*The Langhe, where Pavese was born, is a hilly region between the Tanaro
and Bormida rivers in the province of Piedmont. The author reveals his sentimental attachment to this landscape through this semi-autobiographical account; having left his village as a young man to seek his fortune, the narrator
returns for a brief visit only to carry away with him again an indelible memory
of the land and its people.*

Esercizi

A. Domande.
  1. Quale idea fissa aveva il protagonista da giovane?
  2. Dove giocava da bambino il protagonista?
  3. In quale regione si trovano le colline di cui si parla in questo
     racconto?
  4. A cosa ripensa l'autore, mentre sogna di essere in giro per il mondo?
  5. Perché il protagonista non sposa la ragazza ricca e bella che ha
     conosciuto mentre era all'estero?
  6. Come sono lo stradone provinciale e la piazzetta rispetto al
     ricordo del visitatore?
  7. Cosa diceva la voce che si era diffusa per la vallata sul ritorno in
     paese del protagonista?
  8. Come sembrano al protagonista i contadini?
  9. E i borghesi dove lo accolgono?
  10. Com'è definita dallo scrittore l'indole dei paesani?
  11. Perché il protagonista decide di non sposare nessuna ragazza del
      paese?
  12. Qual è la visione che il protagonista ha del matrimonio?
  13. Cosa promette il protagonista ai suoi compaesani?
  14. Dove teneva chiuse il protagonista le immagini del paese di cui si
      era appropriato?

[8] **che li ho giocati**   that I played a trick on them, took advantage of them.

B. Date l'infinito dei seguenti verbi.

1. lasciai	7. feci	13. condussero
2. andai	8. tornai	14. accolsero
3. ebbi	9. guardai	15. stemmo
4. conobbi	10. pensai	16. delusero
5. vissi	11. piacque	17. capii
6. fui	12. cercarono	18. ripresi

C. Formate altrettante frasi, usando le seguenti espressioni.

1. idea fissa
2. da bambino
3. per filo e per segno
4. (diventare) qualcuno
5. chi per un motivo chi per un altro
6. terra terra
7. da un pezzo
8. (essere) lí lí per

D. Completate le frasi seguenti con il congiuntivo imperfetto o trapassato dei verbi in parentesi.

ESEMPI: Credevo che Mario (arrivare) _____ oggi.

Credevo che Mario arrivasse *oggi.*

Credevo che Mario (parlare) _____ con te la settimana scorsa.

Credevo che Mario avesse parlato *con te la settimana scorsa.*

1. Le famiglie mi invitavano, perché (vedere) _____ le figlie.
2. Perché non mi hai presentato quella ragazza? Pensavo che tu (conoscerla) _____ .
3. Sono stato sorpreso di vedere Luigi, perché non sapevo che (venire) _____ a vivere in paese.
4. Bastava che io (chiudere) _____ gli occhi per rivedere l'immagine del paese.
5. Peccato che il protagonista del racconto sia partito: tutti speravamo che (restare) _____ in paese.
6. I compaesani erano contenti che finalmente lui (decidere) _____ di tornare.

E. Argomento per lo scritto e la conversazione.

Anche voi conservate nella memoria un qualche ricordo, sia pur idealizzato, dei luoghi della vostra infanzia? Parlatene.

Elio Vittorini

 (1908 – 1966)

Nacque nel 1908 a Siracusa, in Sicilia. Nel 1929 si trasferí a Firenze, dove iniziò l'attività di scrittore sulla rivista «Solaria», pubblicando a puntate *Il garofano rosso,* storia dei turbamenti di un adolescente nel chiuso mondo piccolo-borghese di una cittadina di provincia. In quegli stessi anni, affascinato dalla scoperta della grande letteratura americana del Novecento (da Hemingway a Faulkner, a Fitzgerald, a Saroyan), iniziò a tradurne i testi piú significativi. Da essa assorbí, sviluppandola poi originalmente, una lezione realistica, che contrappose in maniera polemica al conformismo della cultura ufficiale di quegli anni, al provincialismo fascista, all'astratta perfezione formale della prosa d'arte. Da questo atteggiamento nacquero i suoi due romanzi maggiori, *Conversazione in Sicilia* (1939) e *Uomini e no* (1945). Il primo, oltre ad offrire l'immagine di un'umanità, quella dei contadini siciliani, che soffre e patisce ingiustizia, segnò il rinnovamento espressivo della tradizionale prosa narrativa italiana. Il secondo offrí un'immagine cruda e non convenzionale della guerra, esprimendo una profonda indignazione contro gli orrori perpetrati dai nazisti in Italia. Dopo la guerra e la Resistenza, Vittorini fondò a Milano, dove si era trasferito nel 1939, il «Politecnico», una rivista che rappresentò un tentativo originale di collaborazione fra un gruppo di intellettuali «di sinistra» e un partito politico. Cessata in gran parte l'attività creativa dopo i romanzi *Il Sempione strizza l'occhio al Frejus* (1947) e *Le donne di Messina* (1949), dagli anni Cinquanta fu soprattutto infaticabile direttore editoriale e scopritore di talenti per l'editore Einaudi. Morí a Milano nel 1966.

La casa delle formiche°   *ants*

Noi cominciammo dunque non soltanto a vivere nella nuova casa; cominciammo a vivere e soffrire in essa. Minuto per minuto di ogni giorno e ogni notte soffrivamo vivendo, e tiravamo calci°, saltavamo°, ci torcevamo°, mangiavamo formiche con ogni cosa che mangiavamo.

we kicked/we jumped/we twisted

Diceva la nonna:

«Ne ho viste molte di formiche in vita mia. Ma di formiche simili a queste non ne avevo vedute mai».

Saltava mia cugina Velma, e si piegava°, si torceva, si contorceva°, gettava° le braccia in aria, e rideva, e lamentosamente° gridava come un'indiana: «Uah!»

she bent over/she twisted, writhed/threw/plaintively

Era splendido sentirla gridare a quel modo.

Veniva gente fin° dall'altra parte della città a vedere   *all the way*
che cosa accadesse da noi.

Ci guardava dalla strada, e tutti scuotevano° il capo,   *shook/with a sweater in red*
se ne tornavano via, ma un giorno un giovane col mag-   *and clear blue*
lione a strisce rosse e azzurre° lanciò un grido di ri-   *stripes/called out a reply*
sposta° a Velma.

«Sorella», le gridò, «che accade nella tua casa?»

«Sono le formiche», gridò Velma.

«Perché non le uccidi?» il giovane gridò.

E Velma gridò: «Le uccido. Le uccidiamo. Ma sono
troppe. Piú svelte° di noi».   *quicker*

«Io saprei come toglierle di mezzo° tutte», gridò il   *get rid of them*
giovane. «Non vi è ragione di soffrire cosí».

«Non soffriamo», Velma gridò. «Ormai ci siamo abi-
tuati».

«Oh!» gridò il giovane. «Ma questi salti continui non
vi stancano?»

«Non in modo eccessivo», Velma gridò.

· · ·

Cosí ebbe inizio° il loro romanzo d'amore. Egli si   *began*
chiamava John Tarhill ed era marinaio di mestiere°.   *by occupation*
Questo disse, perlomeno°. E piacque un mondo° alla   *at least/a great deal*
nonna per la sua audacia°, per il suo intrepido atteggia-   *courage/attitude*
mento° dinanzi alla vita. Era stato, una volta, a San
Francisco, ed era salito a bordo di un piroscafo°, era   *steamship*
andato giú nella sala delle macchine°, aveva veduto le   *engine room/boilers*
caldaie° e tutto il resto, poi era tornato a Kingsburg. Ma
era stato su un piroscafo, comunque°. Ed era un grande   *in any case*
piroscafo. Vasco de Gama[1], si chiamava.

Chiese alla nonna:

«Credete, vero, che vi son salito e sono andato giú
nella sala delle macchine? Era stato in India e tanti altri
luoghi simili, quel piroscafo».

«Ma guarda!» la nonna disse. «In India! E che odore
faceva?»

«Sul ponte°», disse John Tarhill, «faceva odore di   *deck*
caffè guasto° e petrolio, e giú nella sala delle macchine   *spoiled, burned*
faceva odore di febbre° alta. Per questo non sono andato   *fever*
nel Sudamerica col piroscafo».

«Ma guarda!» la nonna disse. «Sudamerica! Poco c'è
mancato che non andassi cosí lontano, dunque!»

«Oh, sí! Poco c'è mancato!» disse John Tarhill.

---

[1] **Vasco de Gama** a famous Portuguese explorer of the sixteenth century.

Quindi chiese:

«Se mettessi insieme un paio di dollari potrei sposar Velma?»

«Perché no, figlio?» la nonna disse. «Sembrate un ragazzo onesto». E soggiunse°, «in quali altri luoghi era stato quel piroscafo?»   *she added*

«Mi raccontarono», disse John Tarhill, «ch'era stato a Liverpool una volta. È in Europa, Liverpool. Ed era stato in molti altri luoghi di quelle parti».

«Splendido!» la nonna disse. «È senza dubbio interessante seder qui a parlare con un giovanotto che ha veduto la sua brava parte di mondo».

Mia cugina Velma e John Tarhill si fidanzarono e dopo quindici giorni si sposarono. Sam diresse la cerimonia, anche con poesie, e Merle suonò con l'armonica una marcia di nozze. John non era riuscito a trovare i due dollari per la licenza, così Velma e lui si sposarono facendone a meno°.   *doing without it*

Disse la nonna:

«Potete prendere la licenza piú tardi, appena avrete il denaro. La cosa è legale lo stesso, immagino».

E si rivolse° a Sam, gli chiese: *she turned*

«Vero, Sam, che è legale?»

·   ·   ·

Fummo dunque dodici, da quel momento, nella casa, a saltare e torcerci per via° delle formiche.   *because of*

E furono giorni splendidi, anche buffi, con tante piccole cose da osservare. Velma e John Tarhill trascorsero la luna di miele° nella parte sinistra della veranda, e   *honeymoon*
tutto il tempo, sdraiati sull'impiantito°, si guardavano e   *stretched out on the floor*
ridevano tranne° quando la nonna domandava a John   *except*
degli altri luoghi in cui quel piroscafo era stato.

Un giorno mia cugina Velma si avvicinò° alla nonna e   *came up to*
non le disse niente.

«Che cosa c'è?» la nonna le chiese.

E Velma, saltando, ridacchiava°.   *laughed*

«Oh, l'ho capita», disse la nonna. «Sia lodato   *Praise the Lord*
Iddio°... Mi congratulo!»

E noi in tal modo apprendemmo° che Velma stava per   *(we) learned*
avere un bambino da John Tarhill.

Furono due mesi piacevolissimi che passammo nella casa nuova, con le formiche, e col piroscafo di John Tarhill, e col romanzo d'amore di Velma. Poi la società dell'acqua ci tagliò l'acqua, la società del gas ci tagliò il gas, e quella della luce ci tagliò la luce, e passammo una

settimana senza piú queste comodità moderne, ma in *at the beginning of the next*
capo alla settimana° venne il proprietario della casa e ci *week*
disse che dovevamo pagare l'affitto° o andar via, e la *rent*
nonna disse: «Pagare l'affitto? Siete pazzo! La casa è
piena di formiche!» E andammo ad abitare in un'altra
casa.

(From *Americana*)

This passage comes from Vittorini's translation of a short story by the Arme-
nian-American writer William Saroyan. Saroyan's characters are often uncon-
ventional and even grotesque. The family we meet in this excerpt, for example,
have moved to this house because they enjoy sitting on its front porch; yet they
have no money to pay rent and find the house completely infested with ants. In
this passage we see the family's good-natured response to its trials and, in
particular, to the plague of the ants.

Esercizi

A. Domande.
  1. Come grida Velma?
  2. Perché la gente viene fin dall'altra parte della città?
  3. Chi lancia il grido di risposta a Velma?
  4. Perché Velma dice di non soffrire?
  5. Che cosa ha inizio con quel primo colloquio tra Velma e John?
  6. Cosa fa di mestiere John Tarhill?
  7. Perché John piace tanto alla nonna?
  8. Chi era Vasco de Gama?
  9. Dov'era stato il piroscafo oltre che a San Francisco?
  10. Perché John non è andato in Sudamerica?
  11. Cosa potrebbe fare John se riuscisse a mettere insieme un paio
      di dollari?
  12. Perché la nonna trova cosí interessante parlare con John?
  13. Chi dirige la cerimonia del matrimonio tra Velma e John?
  14. Perché i due si sposano senza licenza?
  15. Dove trascorrono la luna di miele Velma e John?
  16. Perché la nonna si congratula con Velma?
  17. Come furono i due mesi che la famiglia passò nella casa delle
      formiche?
  18. Cosa fanno rispettivamente la società dell'acqua, quella del gas e
      quella della luce?
  19. Cosa dice loro il proprietario della casa?
  20. Perché la nonna non vuol pagare l'affitto?

B. Scrivete l'aggettivo che ha la stessa radice del nome.

ESEMPIO: la notte
        notturno

1. la città
2. la strada
3. l'audacia
4. il mondo
5. la poesia

6. il momento
7. il mese
8. la società
9. la settimana
10. la comodità

C. Volgete le frasi seguenti al passato.

ESEMPIO: Se tu abitassi in campagna vedresti tante formiche.
        Se tu avessi abitato *in campagna,* avresti visto *tante formiche.*

1. Se venissero anche loro, vedrebbero ogni cosa.
2. Se sapessi uccidere le formiche, le toglierei di mezzo tutte.
3. Se la casa fosse piú comoda, soffriremmo meno.
4. Se andasse nella sala delle macchine, vedrebbe le caldaie del piroscafo.
5. Se mettessi insieme un paio di dollari, potrei sposare Velma.
6. Se si fidanzassero, si potrebbero sposare dopo quindici giorni.
7. Se tu leggessi le tue poesie, io suonerei l'armonica.
8. Se il proprietario non ci chiedesse di pagare l'affitto, resteremmo in questa casa.

D. Trasformate le frasi seguenti in modo che i verbi siano usati nella forma impersonale.

ESEMPIO: Noi cominciammo a vivere nella nuova casa.
        Si cominciò a vivere nella nuova casa.

1. Minuto per minuto di ogni giorno e di ogni notte soffrivamo vivendo.
2. Qualche volta saltavamo e ci torcevamo.
3. Mangiavamo formiche con ogni cosa.
4. Poco c'è mancato che tu non andassi cosí lontano!
5. Raccontano che il marinaio era stato a San Francisco una volta.
6. Durante la cerimonia suonarono l'armonica a bocca.
7. Potete prendere la licenza piú tardi, appena avrete il denaro.
8. Apprendemmo che Velma stava per avere un bambino.
9. Passammo una settimana senza comodità moderne.
10. Alla fine andammo ad abitare in un'altra casa.

Nome e lagrime

Io scrivevo sulla ghiaia° del giardino e già era buio; da   *gravel*
un pezzo° con le luci accese a tutte le finestre.   *for a while*
  Passò il guardiano.
  «Che scrivete?» mi chiese.

«Una parola», risposi.

Egli si chinò° a guardare, ma non vide.   *bent down*

«Che parola è?» chiese di nuovo.

«Bene», dissi io. «È un nome».

Egli agitò le sue chiavi.

«Niente viva? Niente abbasso?[1]».

«Oh no!» io esclamai.

E risi° anche.   *I laughed*

«È un nome di persona», dissi.

«Di una persona che aspettate?», egli chiese.

«Sí», io risposi. «L'aspetto».

Il guardiano allora si allontanò°, e io ripresi° a scri-   *went away/started again*
vere. Scrissi e incontrai la terra sotto la ghiaia, e scavai°,   *I dug*
e scrissi, e la notte fu piú nera°.   *it got darker and darker*

Ritornò il guardiano.

«Ancora scrivete?» disse.

«Sí», dissi io. «Ho scritto un altro poco».

«Che altro avete scritto?» egli chiese.

«Niente d'altro», io risposi. «Nient'altro che quella
parola».

«Come?» il guardiano gridò°. «Nient'altro che quel   *shouted*
nome?».

E di nuovo agitò le sue chiavi, accese la sua lanterna
per guardare.

«Vedo», disse. «Non è altro che quel nome».

Alzò la lanterna e mi guardò in faccia.

«L'ho scritto piú profondo», spiegai io°.   *I explained*

«Ah cosí?» egli disse a questo. «Se volete continuare
vi dò una zappa°».   *hoe*

«Datemela», risposi io.

Il guardiano mi diede la zappa, poi di nuovo si allontanò, e con la zappa io scavai e scrissi il nome sino a
molto profondo nella terra. L'avrei scritto, invero, sino   *to the deepest recesses of the*
al carbone e al ferro°, sino ai piú segreti metalli che sono   *earth*
nomi antichi. Ma il guardiano tornò ancora una volta e
disse:

«Ora dovete andarvene. Qui si chiude».

Io uscii dalle fosse del nome[2].

«Va bene», risposi.

Posai° la zappa, e mi asciugai la fronte°, guardai la   *I put down/I wiped my*
città intorno a me, di là° dagli alberi oscuri.   *forehead/beyond*

---

[1] «**Niente viva? Niente abbasso?**»   viva ("long live") and **abbasso** ("down with") are
formulas used in political graffiti. Since the story was written in 1939 under the Fascist
regime, the guardian is anxious to prevent any criticism of the State.

[2] **dalle fosse del nome**   the trenches that he had dug inscribing the name in the earth.

«Va bene», dissi. «Va bene».

Il guardiano sogghignò°.   *sneered*

«Non è venuta, eh?».

«Non è venuta», dissi io.

Ma subito dopo chiesi: «Chi non è venuta?».

Il guardiano alzò la sua lanterna a guardarmi in faccia come prima.

«La persona che aspettavate», disse.

«Sí», dissi io, «non è venuta».

Ma, di nuovo, subito dopo, chiesi: «Quale persona?»[3].

«Diamine!°» il guardiano disse. «La persona del   *what the devil!*
nome».

E agitò la sua lanterna, agitò le sue chiavi, soggiunse: «Se volete aspettare ancora un poco, non fate compli-   *go right ahead, feel free*
menti°».

«Non è questo che conta», dissi io. «Grazie».

Ma non me ne andai, rimasi, e il guardiano rimase con me, come a tenermi compagnia.

«Bella notte!» disse.

«Bella», dissi io.

Quindi egli fece qualche passo, con la sua lanterna in mano, verso gli alberi.

«Ma», disse, «siete sicuro che non sia là?».

Io sapevo che non poteva venire, pure trasalii°.   *I started, jumped up*

«Dove?» dissi sottovoce°.   *in a low voice*

«Là», il guardiano disse. «Seduta sulla panca°».   *bench*

Foglie, a queste parole, si mossero; una donna si alzò dal buio e cominciò a camminare sulla ghiaia. Io chiusi gli occhi per il suono dei suoi passi.

«Era venuta, eh?» disse il guardiano.

Senza rispondergli io m'avviai° dietro a quella donna.   *I started off*

«Si chiude», il guardiano gridò. «Si chiude».

Gridando «si chiude» si allontanò tra gli alberi.

Io andai dietro alla donna fuori dal giardino, e poi per le strade della città.

La seguii dietro a quello ch'era stato il suono dei suoi passi sulla ghiaia. Posso dire anzi°: guidato dal ricordo   *rather, instead*
dei suoi passi. E fu un camminare lungo, un seguire lungo, ora nella folla e ora° per marciapiedi solitarii fino   *first . . . and then*
a che, per la prima volta, non alzai gli occhi e la vidi, una passante, nella luce dell'ultimo negozio.

[3] «Quale persona?» the author implies both that the protagonist is not actually waiting for a person and that in any case, the gesture of waiting is more important that the arrival of the "person."

Vidi i suoi capelli, invero. Non altro. Ed ebbi paura di perderla, cominciai a correre.

La città, a quelle latitudini, si alternava in prati° e alte case, Campi di Marte[4] oscuri e fiere di lumi°, con l'occhio rosso del gasogeno[5] al fondo. Domandai piú volte: «È passata di qua?».

fields
lights

Tutti mi rispondevano di non sapere.

Ma una bambina beffarda° si avvicinò, veloce su pattini a rotelle°, e rise.

mocking
roller skates

«Aah!», rise. «Scommetto° che cerchi mia sorella».

I bet

«Tua sorella?» io esclamai. «Come si chiama?».

«Non te lo dico», la bambina rispose.

E di nuovo rise; fece, sui suoi pattini, un giro di danza della morte[6] intorno a me.

«Aaah!» rise.

«Dimmi allora dov'è» io le domandai.

«Aaah!» la bambina rise. «È in un portone°».

doorway

Turbinò° intorno a me nella sua danza della morte ancora un minuto, poi pattinò via sull'infinito viale, e rideva.

she whirled

«È in un portone», gridò da lungi°, ridendo.

from a distance

C'erano abbiette° coppie nei portoni ma io giunsi ad uno ch'era deserto e ignudo°. Il battente° si aprí quando lo spinsi, salii le scale e cominciai a sentir piangere.

wedged
empty/door

«È lei che piange?» chiesi alla portinaia°.

doorkeeper

La vecchia dormiva seduta a metà delle scale, coi suoi stracci° in mano, e si svegliò, mi guardò.

rags

«Non so», rispose. «Volete[7] l'ascensore?».

Io non lo volli, volevo andare sino a quel pianto, e continuai a salire le scale tra le nere finestre spalancate°. Arrivai dov'era il pianto; dietro un uscio° bianco. Entrai e l'ebbi vicino, accesi la luce.

opened wide
entryway

Ma non vidi nella stanza nessuno, né udii piú nulla. Pure°, sul divano, c'era il fazzoletto delle sue lagrime.

still

(From *Nome e lagrime*)

This story, which is clearly symbolic, was written in 1939 and published together with the first edition of Conversazione in Sicilia *(1941). The elusive woman sought by the protagonist, who appears for a moment only to vanish into the deserted garden, is Liberty. She represents not only a political ideal but an existential aspiration common to all.*

[4] **Campi di Marte** *military training and parade grounds.* Here, Vittorini is probably alluding to the **Campo di Marte** in Florence, a city where he lived for many years.

[5] **gasogeno** apparatus that produces combustible gas.

[6] **della morte** as the sister of the woman sought by the narrator, the child is a symbol of death — the "sister" of a freedom that is beyond our grasp.

[7] **Volete** Voi was substituted for Lei in the last years of Fascism.

Esercizi

A. Domande.
1. Dove scrive il protagonista?
2. Chi passa mentre il protagonista scrive?
3. Che parola sta scrivendo il protagonista?
4. Cosa fa il guardiano dopo che ha parlato col protagonista?
5. Che cos'altro ha scritto il protagonista quando ritorna il guardiano?
6. Perché il guardiano accende la sua lanterna?
7. Che cosa dà il guardiano al protagonista?
8. Perchè il protagonista deve andarsene?
9. Cosa vede il protagonista al di là degli alberi oscuri?
10. Cosa fa il guardiano per vedere in faccia il protagonista?
11. Chi c'è seduta su una panca?
12. Cosa fa la donna dopo che si è alzata?
13. Cosa fa il guardiano dopo avere gridato: «si chiude»?
14. Dove va la donna, seguita dal protagonista, dopo essere uscita dal giardino?
15. Perché il protagonista comincia a correre?
16. La bambina che si avvicina al protagonista è in bicicletta?
17. Cosa risponde la bambina quando il protagonista le chiede il nome della sorella?
18. Dov'è la sorella della bambina?
19. Cosa fa la bambina prima di allontanarsi dal protagonista?
20. Cosa sente il protagonista mentre sale le scale?
21. Cosa faceva la vecchia seduta a metà delle scale?
22. Dove vuole andare il protagonista?
23. Quando il protagonista entrò, chi c'era nella stanza?
24. Cosa c'era sul divano?

B. Per ciascuno degli aggettivi elencati indicate il corrispondente aggettivo di significato opposto.
ESEMPIO: molto
>   *poco*

1. nero   6. lungo
2. antico   7. ultimo
3. oscuro   8. alto
4. bello   9. veloce
5. sicuro   10. deserto

C. Traducete in italiano la forma verbale in parentesi, facendo uso, quando è necessario, della preposizione.
ESEMPIO: Il guardiano si chinò *(to look at)* ciò che l'uomo aveva scritto.
>   Il guardiano si chinò *per guardare* ciò che l'uomo aveva scritto.

1. Io continuai _____ *(writing)* per tutta la sera.
2. Se vuole _____ *(to wait)* ancora un poco, non faccia complimenti.
3. Sapevo che non poteva _____ *(to come)* a quell'ora.
4. Insieme restammo _____ *(to listen)* i passi sulla ghiaia.

5. La donna comincio _____ *(to walk)* lentamente per i viali del giardino.
6. Poi se ne andò _____ *(without saying)* niente.
7. Ebbi paura _____ *(to lose her)*.
8. Allora cominciai _____ *(to run)* per la città.
9. Continuai _____ *(to climb)* le scale tra le finestre spalancate.
10. Voleva _____ *(to go)* nella stanza in cui c'era la donna.
11. Entrò ed accese la luce _____ *(to see)* meglio.
12. Poi _____ *(before leaving)* chiusi la finestra.

D. Scrivete la preposizione mancante secondo l'esempio.
   ESEMPIO: Le luci evano accese _____ tutte le finestre.
          Le luci evano accese a tutte le finestre.
   1. Egli si chinò _____ guardare.
   2. Accese la sua lanterna _____ guardare.
   3. Poi mi guardò _____ faccia.
   4. La città intorno _____ me era bellissima.
   5. Il protagonista rimase _____ compagnia del guardiano.
   6. Insieme camminammo _____ le strade della città.
   7. Sentii un rumore _____ passi.
   8. Una bambina si avvicinò _____ pattini a rotelle.
   9. C'erano alcune coppie _____ un portone.
   10. La vecchia aveva i suoi stracci _____ mano.
   11. Il pianto proveniva _____ una stanza all'ultimo piano.
   12. _____ un divano c'era un fazzoletto bagnato _____ lacrime.

E. Argomento per lo scritto e la conversazione.
   Discutete l'aspetto linguistico di Vittorini, la cui sintassi scarnificata, il cui dialogo ricco di «disse» e di anglicismi ricordano l'esperienza linguistica del suo coetaneo Saroyan (che, com'è noto, Vittorini tradusse in italiano).

Elsa Morante

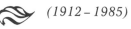 *(1912 – 1985)*

Nata a Roma nel 1912, compí studi irregolari, e abbandonò giovanissima l'università e la casa paterna per dedicarsi all'attività di scrittrice. Esordí durante la seconda guerra mondiale con i racconti di *Il gioco segreto* (1941); poi, dopo aver vissuto il periodo dell'occupazione tedesca fra le montagne della Ciociaria, vicino al fronte di Cassino, pubblicò, dopo il ritorno a Roma, il romanzo *Menzogna e sortilegio* (1948), straordinaria narrazione delle vicende di una famiglia aristocratica. Il successivo *L'isola di Arturo* (1957) costituí un ritorno al mondo incantato dell'infanzia e della natura, percorso da una vitalità semplicissima e patetica. Queste due opere avevano consacrato la fama della Morante, considerata da molti la piú grande narratrice italiana contemporanea. *La storia* (1974), oltre ad aver costituito uno straordinario successo di pubblico, monumentale romanzo ambientato durante la seconda guerra mondiale, ha compendiato in un'unica struttura tutti i temi della Morante: la simpatia per i bambini e per gli innocenti, la negazione disperata della Storia con la *S* maiuscola (quella dei grandi, degli stati, delle potenze) e l'esaltazione della vita come sentimento. In anni piú recenti la Morante ha pubblicato un altro romanzo, *Aracoeli* (1982), dolorosa vicenda di un emarginato. È morta a Roma nel 1985, dopo lunga malattia.

Bella

Le tentazioni dell'estate piú che mai lo chiamavano. E lui non faceva che° correre, a ogni occasione, da una marina° all'altra, tornandone sempre piú nero, con gli occhi radiosi, lievemente arrossati° dal sole e dall'acqua, e i capelli intrisi di salino°. Pure Bella odorava di salsedine°, e si grattava° spesso, per la sabbia che le restava fra il pelo°. Ma Nino[1] aveva cura di condurla°, ogni tanto°, a farsi il bagno a una toletta pubblica per cani da dove essa usciva alquanto stranita°, però candida°, pettinata e nuova, come una signora dal salone di bellezza.

    kept on, continued
    beach
    slightly reddened
    drenched with salt
    salt/scratched
    fur/was careful to take her
    now and then
    bewildered/snow-white

Ogni tanto, Nino prometteva a Useppe di portare in gita lui pure, uno di quei giorni, al mare, e insegnargli il

[1] **Nino** elder son of Ida and brother of Useppe — also called Ninnuzzu.

Elsa Morante con Alberto Moravia. (Courtesy Archivio I.G.D.A., Milano.)

nuoto°. Ma le sue giornate romane si inseguivano cosí *swimming*
febbrili°, da non lasciare nessuno spazio per la gita fa- *went by so rapidly*
mosa. E anche le loro passeggiate a tre (Nino, Useppe e
Bella), per quanto° abbastanza frequenti, si riducevano, *although*
fatalmente a brevi scappate°. Non arrivarono mai piú in *excursions*
là della Piramide, o dell'Aventino².

Ninnuzzu, quell'estate, portava delle camicie con di-
segni a fiorami° e a molti colori, venute dall'America, e *floral patterns*
acquistate a Livorno³. E tre camicettine simili le portò in
regalo pure° a Useppe. Non si scordò° nemmeno di Ida, *also/forgot*
recandole° in dono degli asciugamani° con sopra stam- *bringing her/towels*
pato R.A.F.⁴ e delle pantofole di paglia° africane. *straw slippers*

Fu verso la fine d'agosto che Nino, tornato a Roma per
fermarvisi° alcuni giorni, a causa di Bella ebbe un grave *stay there*
diverbio° con le innominate⁵ persone che lo ospitavano. *quarrel*

---

² **Piramide... Aventino**   Roman landmarks not far from Via Bodoni where Useppe lived,
the working-class neighborhood of Testaccio.

³ **Livorno**   port city in Tuscany that still has a thriving market selling used goods and
American Army surplus.

⁴ **R.A.F.**   Royal Air Force (of Britain).

⁵ **innominate**   *unnamed, unknown* (to Ida and Useppe, because Nino never mentioned
their names)

E lí per lí[6], nella furia, senza starci a pensare°, arrivò con la valigia e il cane a Via Bodoni.

Bella non era un cagnetto da città; e al suo ingresso nel minuscolo appartamento, questo parve rimpicciolirsi° ancora, come a un'invasione smisurata°. Ma Ida presentemente avrebbe accolto volentieri perfino un vero orso polare°, tanto era contenta che Ninnuzzu fosse di nuovo a casa, sia pure soltanto di passaggio°. Bella dormiva con lui nella stanzuccia, ai piedi del letto, aspettando quieta e paziente, alla mattina, che lui si destasse°. Però, stava pronta a cogliere il primo segno, anche minimo, del suo risveglio: cosí che appena lui cominciava un poco a stirarsi°, o dava uno sbadiglio°, o semplicemente socchiudeva le palpebre°, immediatamente essa balzava° in un fracasso entusiasmato, all'uso di certe tribú quando sorge il sole. E cosí, la casa era avvertita° del risveglio di Nino.

without thinking about it

shrink
enormous

polar bear
even if he was just passing through

that he would wake up

stretching/would yawn
would open his eyes slightly
she would jump up

would be informed

(From *La storia*)

The characters in La storia *belong to the anonymous working class, whose story is usually forgotten in the official accounts of political history. The main character is Ida, an elementary schoolteacher in Rome whose tragic life is traced throughout the novel. The story takes place immediately after the Second World War. In the passage that we present here, the protagonist is Bella, a dog who is the inseparable companion of Nino, one of Ida's two sons.*

Esercizi

A. Domande.

1. Perché Nino corre da una marina all'altra?
2. Come ritorna dalle sue corse?
3. Chi è Bella?
4. È pulita?
5. Che cosa promette Nino a Useppe?
6. Perché Nino non mantiene del tutto la promessa?
7. Dove lo porta?
8. Che camicie indossa Nino?
9. Dove le ha comprate?
10. Che cosa regala a Useppe?
11. Che cosa regala a Ida?
12. Perché Nino si trasferisce da Ida e Useppe?
13. È grande l'appartamento di Ida?
14. Come reagisce Ida?

---

[6] **lí per lí**   right there and then, on the spur of the moment.

15. Dove dorme Bella?
16. Che cosa fa alla mattina?
17. Che immagine dà di Nino la narratrice?

B. Usate ciascuna delle espressioni elencate per formare altrettante frasi.
    1. piú che mai
    2. ogni tanto
    3. quell'estate
    4. con sopra
    5. verso la fine
    6. lí per lí
    7. di nuovo
    8. sia pure
    9. all'uso di

C. Scegliete nella colonna B il vocabolo piú adatto a completare la frase della
   colonna A.

A	B
1. Sono andato a fare una ———— nei dintorni di Roma.	a. palpebre
	b. giornate
2. Quando ero piccolo mi hanno insegnato il ———— e il tennis.	c. salsedine
	d. gita
3. Al giardino zoologico ho visto un vero ————.	e. orso polare
	f. diverbio
4. Ho nuotato troppo e la ———— mi ha rovinato tutti i capelli.	g. cagnetto
	h. nuoto
5. Le mie ———— sono sempre troppo corte, perché io possa fare tutto quello che devo.	i. furia
	j. cani
6. Quest'anno ho fatto una vita da ———— per il troppo lavoro.	
7. La ———— del vento ha sradicato due alberi del giardino.	
8. Ho avuto un violento ———— col mio migliore amico perché avevo mancato alla parola data.	
9. Voglio un cane vero, non un ———— da passeggio.	
10. Chiudi le ———— ed esprimi un desiderio ad occhi chiusi.	

D. Argomento per lo scritto e la conversazione.
   La figura di Nino è quella di un ragazzo che, appena finita la seconda
   guerra mondiale, cerca di arrangiarsi come può. Quali sono i problemi
   economici e sociali che la guerra porta in un paese, e quali sono i
   problemi principali della popolazione, una volta che la guerra è finita?

Piero Chiara

🦅 (1913-   )

Nato nel 1913 a Luino (vicino al confine con la Svizzera), in provincia di Varese. Dopo una giovinezza movimentata, che lo portò a svolgere lavori diversi in Italia e all'estero, si stabilí a Varese. Condannato dal tribunale speciale fascista, si rifugiò in Svizzera e insegnò nel liceo italiano di Zug. Nel secondo dopoguerra, dopo aver fatto per qualche tempo il magistrato, si dedicò alla letteratura, curando edizioni di opere antiche e moderne, collaborando a giornali e riviste e scrivendo versi. Con il romanzo *Il piatto piange* (1962), Chiara si è dimostrato fedele e arguto erede di una tradizione comico-narrativa che risale addiruttura al Boccaccio. Ad esso ha fatto seguito un'ampia produzione di romanzi e racconti, tra cui *La spartizione* (1964), *Il balordo* (1967), *La stanza del vescovo* (1976), *Il cappotto di Astrakan* (1978), sempre imperniata sulla descrizione, grottesca e insieme nostalgica, dei personaggi e dell'ambiente di Luino, affogati nella noia della vita provinciale italiana.

Viaggio inutile

Iniziarono il viaggio ai primi di giugno salutati dal Segretario Politico e da un gruppo di sostenitori°.

Percorso° tutto il lago, infilarono° il Ticino e arrivarono a Pavia dove si presentarono alle autorità politiche con la lettera di cui il Segretario del fascio° di Luino li aveva muniti° come di un talismano col quale avrebbero trovato da mangiare e da dormire in qualunque posto.

A Piacenza, nonostante la lettera fatata°, saltarono il pasto° e dormirono sulla spiaggia del Po, di fianco alla° loro barca. Cosa che fecero anche a Cremona e a Revere, riuscendo a toccare il letto solo a Ficarolo.

Mangiati dalle zanzare° e col sedere che era tutto una piaga° bruciati dal sole ma ostinati, verso la fine di giugno incominciarono a costeggiare l'Adriatico. Il Pozzi era meno deciso del Merli e sarebbe tornato volentieri in treno al paese, ma il Merli lo convinse a resistere promettendogli delle contesse, amiche della Edda[1], che andava immaginando e descrivendo sotto l'eccitazione del sole.

fans
having traveled/they entered

the Fascist party
provided

(ironic) *miraculous/they skipped dinner/next to*

mosquitoes
sore

[1] **della Edda** of Edda (Mussolini's daughter, the goal of their voyage).

Cartina geografica dell'Italia. (Courtesy Archivio I.G.D.A., Milano.)

Dalla foce° del Po a Cesenatico fu un calvario di pic-   *mouth*
cole tappe[2] con le dormite all'umido sulla spiaggia e i
risvegli dolorosi alle quattro del mattino, quando i gran-   *crabs*
chi° cominciavano a rodere° i piedi dei due vogatori°. A   *nibble/oarsmen*
Riccione furono ricevuti da Bruno e Vittorio Mussolini
ma non toccarono° un soldo da quei due grassi figli del   *they did not receive*
Duce che quando se li videro comparire° davanti, simili   *appear*

[2] **tappe** *stages.* Here, the comparison is to the stations of the Cross.

La famiglia Mussolini: da sinistra, donna Rachele con in braccio Annamaria; il Duce con in braccio Romano; Edda, Bruno e Vittorio. (Courtesy Archivio I.G.D.A., Milano.)

a naufraghi stracotti[3] dal mare, si limitarono a stendere° sul loro libro di bordo° un breve scritto nel quale i due luinesi venivano definiti «argonauti[4]».

    Dopo Riccione cominciarono i guai° peggiori: naufragio a Capo Focara con perdita degli indumenti° personali, fame, sete e stanchezza. Straziati° dalla sete toccarono°, Marotta, Senigallia[5] e altri porti. A Porto San Giorgio un'ondata li gettò sulla spiaggia, dove caduti sotto l'attenzione del Conte Corbella, presidente di una società di canottieri°, furono rifocillati° e muniti di una piccola somma. Nella tappa successiva, a Porto

they went no further than to write/logbook

troubles
clothing
tormented/they stopped briefly

rowing club/revived

---

[3] **naufraghi stracotti** *sunburned (lit., overcooked) victims of shipwreck.*
[4] **«argonauti»** *"Argonauts."* The sailors aboard Jason's ship in search of the Golden Fleece were called Argonauts after the name of the boat, *Argos.*
[5] **Marotta, Senigallia** ports on the Adriatic coast.

d'Ascoli, cominciarono ad essere aiutati dalle guardie di finanza[6], che come buoni samaritani riapparvero continuamente lungo le coste della Puglia e della Calabria a salvarli dai naufragi, a sfamarli° e a mandarli avanti, di caserma° in caserma, fino alla meta°. *to feed them / barracks/goal*

A Rodi Garganico fecero indigestione di anguille°, a Vieste[7] di carrubbe°. A Polignano furono derubati del timone° dentro le grotte Palazzesi. A Brindisi trovarono un vaglia° della famiglia, a Torre Chianca furono derubati del pagliolo° e fecero indigestione di frutta. Davanti a San Cataldo subirono° un secondo capovolgimento. Arrivati a Taranto, il Segreatrio Federale[8] al quale si presentarono coperti soltanto da un perizoma°, li fece rivestire. Ridotti a una magrezza impressionante, destarono nondimeno° l'interesse di un grosso pescecane° che li seguí fino a Rocca Imperiale. Dopo nuove indigestioni e nuovi naufragi, rimasti con le sole mutande° che per decenza indossavano con l'apertura sulla parte posteriore, giunsero a Reggio Calabria. Mangiando un giorno sí e uno no presso le guardie di finanza o nelle caserme dei carabinieri, risalirono la costa tirrenica[9] fino al golfo di Palinuro. *eels / carob pods/their rudder was stolen / money order / movable wooden grating in a boat/they suffered / loincloth / they nonetheless attracted/shark / underwear*

Perseguitati dal freddo, ai primi di novembre, dopo altri due naufragi imboccarono la foce del Tevere° e giunsero a Roma dove la barca affondò° nella darsena° della società Aniene lasciandoli coi remi in mano, unica testimonianza°, insieme al diario e a un *passavanti*° delle autorità marittime, del loro lungo viaggio. *they entered the mouth of the Tiber/sank/marina / proof/permit*

Ormai li aspettavano° le notti romane e i meritati trionfi. Purtroppo capitarono nei giorni del «cambio della guardia» tra i segretari Giurati e Starace[10], e Mussolini non potè riceverli, posto che° qualcuno avesse avuto il coraggio di andargli a dire che due luinesi nudi e tremanti di freddo chiedevano di prostrarsi ai suoi piedi dopo cinque mesi e dodici giorni di orrende fatiche. *(ironic) all that awaited them now / even if*

Della Edda nessuna notizia. Era all'estero o fuori Roma. Sempre seminudi e in attesa delle divise° fasciste che dovevano arrivare da Luino, passarono giorni e *waiting for the uniforms*

---

[6] **guardia di finanza**   a branch of the Italian military that protects the financial interests of the State.

[7] **Rodi Garganico... Vieste**   towns along the coast of the Gargano peninsula, in the southern province of Puglia.

[8] **il Segretario Federale**   a Fascist party leader.

[9] **risalirono la costa tirrenica**   the voyage now continues northward along the western coast of the Italian peninsula; the boat has passed from the Adriatic into the Tyrrhenian sea.

[10] **tra i segretari Giurati e Starace**   Giurati, Secretary of the Fascist party from 1930–31, was replaced by Achille Starace in December 1931.

giorni in una darsena fino a che un generale della milizia
si interessò del loro caso e per allontanarli° da Roma li   *send them away/he*
muní° di indumenti e del biglietto ferroviario°.   *provided/train ticket*

(From *Il piatto piange*)

The episode describes the experiences of two young men from Luino, a village on the Swiss border, where Mussolini and his family used to spend summer vacations in the years before World War II. Almost every day Mussolini was taken out on the lake by a boatman, Natale Merli, whose sons became friends of the dictator's own children. Many years later Merli's oldest son, Luigi, who was an excellent oarsman, decided to row along the coast of the Italian peninsula to the mouth of the Tiber to pay homage to Mussolini's daughter, Edda. But his efforts were in vain. When at last Luigi and his companion, Pierino Pozzi, arrived in Rome, the two men not only were unable to see Edda but were abruptly sent home.

Esercizi

A. Domande.
1. In quale mese iniziano il viaggio i due amici?
2. A cosa doveva servire la lettera «fatata» del Segretario Politico?
3. Cosa dice il Merli per convincere il Pozzi a continuare il viaggio?
4. Da chi sono ricevuti i due viaggiatori quando giungono a Riccione?
5. Chi sono i «buoni samaritani»?
6. Cosa trovano a Brindisi Luigi e Pierino?
7. Perché la magrezza dei due giovani è impressionante?
8. In quale mese Luigi e Pierino giungono alla foce del Tevere?
9. Cosa accade quando i due arrivano a Roma?
10. Dov'è Edda?
11. Come trascorrono Luigi e Pierino il loro soggiorno romano?
12. In che modo sono premiati i due giovani?

B. Un po' di geografia.
1. Elencate le regioni toccate da Luigi e da Pierino durante il loro viaggio.
2. Quali sono i fiumi e i mari ricordati nel racconto?

C. Argomento per lo scritto e la conversazione.
Il tono ironico della descrizione del viaggio manifesta l'atteggiamento polemico dello scrittore nei confronti del regime fascista. Dopo aver riletto il racconto, illustrate i momenti in cui tale ironia è piú evidente.

Vasco Pratolini

 (1913 –   )

Nato nel 1913 a Firenze da una famiglia operaia. Autodidatta, sovrappose alla cultura popolare del rione fiorentino, in cui viveva, gli stimoli culturali che gli derivarono dagli incontri con artisti e poeti frequentati nella casa del pittore Ottone Rosai. Cominciò a pubblicare all'inizio degli anni Quaranta, con romanzi e racconti, ambientati a Firenze e in Toscana, in cui si dedicava alla rievocazione della sua infanzia e adolescenza triste e umiliata. Nella cronaca, nei fatti insignificanti Pratolini ha trovato la via per giungere a una rappresentazione universale, passando dal tono quasi elegiaco dei suoi primi racconti (*Tappeto verde*, 1941; *Via dei magazzini*, 1941), a quello piú complesso del romanzo vero e proprio, in cui ha saputo raggiungere l'equilibrio tra esigenze liriche e documento, intimità familiare e impegno sociale. L'autobiografismo affascinante e patetico di *Il Quartiere* (1943), *Cronaca familiare* (1947), *Cronache di poveri amanti* (1947), *Le ragazze di San Frediano* (1949), *Un eroe del nostro tempo* (1949), s'è poi stemperato nella dimensione realistica dei romanzi successivi, tra cui *Metello* (1955), *Lo scialo* (1960), *La costanza della ragione* (1963).

Il Quartiere

Noi eravamo contenti del nostro Quartiere[1]. Posto al limite del centro della città, il Quartiere si estendeva fino alle prime case della periferia°, là dove cominciava la via Aretina[2], coi suoi orti° e la sua strada ferrata°, le prime case borghesi, e i villini°. Via Pietrapiana[3] era la strada che tagliava diritto° il Quartiere, come sezionandolo° fra Santa Croce[4] e l'Arno sulla destra, i Giardini e l'Annunziata[5] sulla sinistra. Ma su questo versante° era già un luogo signorile°, isolato nel silenzio, gravitante° verso San Marco[6] e l'Università, disertato dalla gente

the outskirts of the city
vegetable gardens/railway
detached houses, small suburban villas/straight through/dividing it

direction
upper-class, aristocratic/ oriented/

[1] **Quartiere** neighborhood of a church in Florence.
[2] **la via Aretina** the road leading from Florence to Arezzo, another city in Tuscany south of Florence.
[3] **Via Pietrapiana** one of the main streets of the Quartiere.
[4] **Santa Croce** the Church of Santa Croce.
[5] **l'Annunziata** the Church of Santissima Annunziata.
[6] **San Marco** the Church of San Marco.

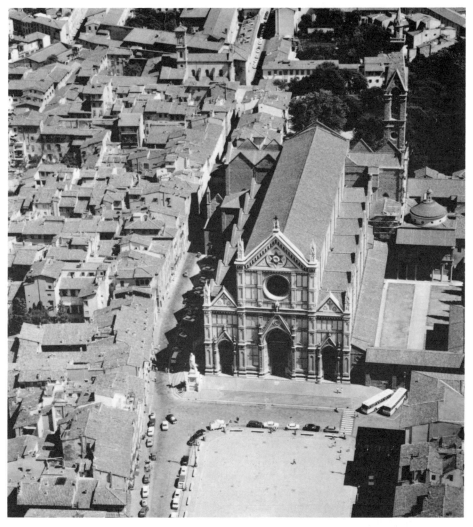

Firenze. Piazza Santa Croce. Veduta aerea. (Courtesy Archivio I.G.D.A., Milano.)

popolana° che lasciava i figli scavallare° sulle proprie *working-classpeople/run free*
strade dai nomi d'angeli, di santi e di mestieri, nomi
antichi di famiglie «grasse» del Trecento[7]. Via de' Mal-
contenti ne era un'arteria e un monito[8]; via dell'Angolo
la suburra[9].

Panni° alle finestre, donne discinte°. Ma anche po-   *clothes/untidy, disheveled*
vertà patita° con orgoglio°, affetti difesi con i denti[10].   *endured/pride*

---

[7] **famiglie «grasse» del Trecento**   families belonging to the «**popolo grasso**,» the
bourgeoisie of medieval Florence.

[8] **un'arteria e un monito**   one of the principal streets of the Quartiere and also a warning
to the outside world. The name recalls revolts such as that of the **Ciompi**, the Florentine
wool carders of the fourteenth century.

[9] **la suburra**   the most disreputable part, like Via Suburra of ancient Rome.

[10] **affetti difesi con i denti**   affections stubbornly defended.

Operai°, e piú propriamente, falegnami°, calzolai°, maniscalchi°, meccanici°, mosaicisti°. E bettole°, botteghe affumicate°, e lucenti caffè novecento[11].

La strada. Firenze. Quartiere di Santa Croce.

Il fanciullo poteva innocentemente contare le sue palline in terracotta°, seduto sul gradino° della casa di tolleranza°, nel vicolo° chiamato via Rosa; il popolano orinare° senza rimorso al muro sotto la lapide° che ricordava la casa abitata da Giacomo Leopardi[12]; la bella ragazza inorgoglirsi° di abitare in via delle Pinzochere[13], ch'era una delle strade piú pulite del nostro Quartiere.

Eravamo creature comuni. Ci bastava un gesto per solleverci collera° o amore. La nostra vita scorreva su quelle strade e piazze come nell'alveo° di un fiume; la piú pensata delle nostre ribellioni era quale un mulinello° che ci portasse a fondo°. Non per nulla le carceri° della città erano nel cuore del nostro Quartiere. Avevamo imparato a fare un viluppo° dei nostri affetti, intrecciati l'uno all'altro da privati rancori, da private dedizioni°. Eravamo un'isola nel fiume che comunque andava, fra i carrettini° del trippaio° e dell'ortolano°, il bugigattolo° del venditore di castagnaccio°, lungo via Pietrapiana. Dall'arco di San Piero e Porta alla Croce.

Si usciva dal lavoro dopo le sei del pomeriggio; e non esisteva vera vita, società vera, calore, se non quando eravamo nelle nostre strade e piazze. A seguire il Corso, che appunto sboccava all'Arco di San Piero, avremmo trovato la città col suo centro, i bei caffè e le orchestrine[14]; eppure, per fare quei pochi passi, inconsciamente ogni volta, ci preparavamo a qualcosa di estraneo da affrontare. Creature innocenti, confinate per malinconia, abitudine o amore, per qualcosa di piú intimo e rissoso°, nel nostro Quartiere. Anche coloro che lavoravano alle fabbriche della periferia, pedalavano veloci sui viali per raggiungere il Quartiere e godere la serata che gli apparteneva.

Lí era trascorsa l'adolescenza. I fratelli minori ripetevano i nostri gesti giocando di spiccioli° e di cartine colorate°, a pugni ed abbracci°, i giochi che avevamo loro insegnato, inventandone dei nuovi che ci parevano peggiori. Se passavamo da via del Fico o da via de' Macci, o attorno a piazza Santa Croce in attesa della

workers/carpenters/ shoemakers/blacksmiths/ mechanics/mosaic makers/taverns/smoky, dark shops

clay marbles/step brothel/alleyway urinate/inscribed placque

take pride in

raise anger river bed whirlpool to the bottom/prisons

tangle, intricate web sacrifices

small carts/tripe vendor/ vegetable seller/ cubbyhole/a flat cake made with chestnut flour

out of something more intimate and contentious

coins/colored playing cards/ playfully fighting and embracing

---

[11] **lucenti caffè novecento**   next to the taverns and shops of the common people were gleaming cafés furnished in the **Novecento** style (i.e., turn-of-the-century style).

[12] **Giacomo Leopardi**   Italian Romantic poet (1798–1837).

[13] **via delle Pinzochere**   pinzochero, *hypocrite,* is used now almost exclusively in a perjorative sense; originally, the **pinzocheri** were a Franciscan ecclesiastical order.

[14] **orchestrine**   small orchestras that played in the elegant cafés.

ragazza, i fratelli minori ci costringevano a lasciargli le biciclette: le montavano infilando la gamba framezzo al telaio[15], per trovare l'altro pedale.

Le case erano buie, umide e fredde d'inverno. I tavoli dove mangiavamo avevano spacchi° verticali di cui ci accorgevamo soltanto le rare volte che scrivevamo una lettera. Ma pulite ed in ordine, le nostre case, curate dalle nostre mamme che avevano i capelli grigi e uno scialle buttato sulle spalle. Nella stanza da pranzo che noi chiamavamo il salotto, c'era un divano, con la trina alla spalliera e i mattoni rossi di cinabrese°, le fotografie incastrate° ai vetri della credenza°, una sveglia. Il canto delle sorelle che piú a lungo potevamo udire al mattino della domenica, era una cosa allegra che ringiovaniva le stanze, coloriva di parati le mura gialline°.

Facevamo poco conto della casa. Nemmeno ci accorgevamo che le lampadine° economiche vi spandevano° una luce che rendeva impossibile distinguere da un angolo all'altro delle stanze, né lavarci nell'acquaio° era un fatto che potesse deluderci. Il nostro lettino, che aveva un crocifisso o un santo inchiodato da capo°, con un ramoscello d'ulivo° per traverso, conosceva le nostre speranze, inseguite contando le crepe del soffitto°. Un cassetto del comò° ci apparteneva: a cominciare da una certa età ne portavamo in tasca la chiave per serbarvi° il segreto di alcune fotografie che ci erano dedicate, di una rivoltella°. La casa significava il volto° che le stanze ospitavano, e noi le volevamo bene per questo.

Nulla sapevamo, non volevamo sapere forse. Ci promettevamo oneste gioie: meritare° di piú nel lavoro, farci capaci°, e avere una ragazza, e poi un'altra magari°, e infine sposarne una davvero, coricarsi° con lei in un letto piú grande, amarla per quanti baci sentivamo di poterle dare.

cracks

with lace on the back and deep red-colored bricks/stuck/cupboard

seemed to cover the faded walls with curtains.

lightbulbs/spread

kitchen sink

nailed at its head
olive branch
pursued as we counted the cracks in the ceiling/ bureau, chest of drawers/to keep there

revolver/face

to deserve
to get better (at our work)/perhaps/to lie down

(From *Il Quartiere*)

In this description from the first chapter of the novel Il Quartiere, *the author offers a portrait of the working-class neighborhood of Santa Croce, in Florence during the Fascist period. In this small, yet almost self-contained world, the events of the novel take place, motivated by the inhabitants' firm determination to stay together and preserve their neighborhood even after it has been partially «reclaimed» by a government plan that demolishes such working-class neighborhoods and replaces them with low-income housing on the outskirts of the city.*

---

[15] **le montavano infilando la gamba framezzo al telaio** since they were not big enough to reach the pedals from the bicycle seat.

Esercizi

A. Domande.

1. Come si chiama il quartiere di cui si parla in questo racconto?
2. Di quale città fa parte il Quartiere di Santa Croce?
3. Che tipo di gente abita nel Quartiere?
4. Quale poeta italiano abitò in Santa Croce?
5. Perché quelli che lavorano, usciti dal lavoro, vogliono raggiungere il loro quartiere?
6. Perché gli abitanti del Quartiere non frequentano il centro di Firenze che pure è cosí vicino?
7. Come sono d'inverno le case del Quartiere?
8. Cosa c'è nella stanza da pranzo-salotto?
9. Quali segreti nasconde il cassetto chiuso a chiave, a cui si ha diritto a partire da una certa età?
10. I giovani del Quartiere, oltre a meritare di piú sul lavoro, quale altra gioia promettono a sé stessi?

B. Completate le seguenti frasi con il condizionale semplice o composto dei verbi in parentesi.

1. Penso che quel quartiere (essere) _____ un bel posto per viverci!
2. Sapevo che noi (imparato) _____ presto i nomi delle strade.
3. Mi dissero che i ragazzi (uscire) _____ dal lavoro dopo le sei del pomeriggio.
4. Capii che seguendo il Corso (trovare) _____ la città col suo centro.
5. Se avessi tempo, ti (insegnare) _____ un nuovo gioco.
6. Mario, per favore (potere) _____ passare da Via del Fico a prendere la mia bicicletta?

C. Argomenti per lo scritto e la conversazione.

1. Seguendo il modello proposto dal racconto di Pratolini, descrivete la città o il quartiere in cui vivete, facendo riferimento alle vie, alle piazze, alle chiese o ad altri luoghi caratteristici.
2. Prendendo spunto dalla vita del quartiere, dalle vostre esperienze personali o anche da altre letture, discutete su come spesso gli abitanti di un quartiere, soprattutto povero, possano sentirsi traditi ogni qualvolta interventi (come il «risanamento») toccano da vicino quel loro mondo fatto di legami affettivi, di isolamento orgoglioso e, in certi casi, di difesa nei confronti della città dei borghesi.

Giorgio Bassani

~~ *(1916-)*

Nato a Bologna nel 1916 da famiglia ebraica, visse a Ferrara l'infanzia e l'adolescenza, prima di trasferirsi a Roma nel 1943, e ferrarese ha sempre voluto considerarsi, anche perché in questa città ha ambientato i suoi principali romanzi e racconti. Formatosi nell'ambiente universitario bolognese intorno al celebre critico d'arte Roberto Longhi, partecipò, durante la seconda guerra mondiale, alla lotta antifascista. I suoi romanzi e racconti descrivono con finezza di analisi psicologica personaggi e situazioni della borghesia ebraica; campeggiano figure di adolescenti in crisi, esitanti di fronte alla vita, come in *Il giardino dei Finzi-Contini* (1962) e *Dietro la porta* (1964), e memorabili caratteri di emarginati, per i piú differenti motivi, razziali, sociali, sessuali, come nel suo capolavoro, le *Cinque storie ferraresi* (1956). Bassani è anche autore di versi di delicato, patetico intimismo: *L'alba ai vetri* (1963), *Epitaffio* (1974).

Il giardino dei Finzi-Contini

«Ehi, ma sei proprio anche cieco», fece° una voce allegra di ragazza.

    Dai capelli biondi, di quel biondo particolare striato° di ciocche° nordiche, da *fille aux cheveux de lin*°, che era soltanto suo, riconobbi immediatamente Micòl Finzi-Contini. Si affacciava dal muro di cinta° come da un davanzale°, sporgendone° con tutte le spalle e appoggiandovisi a braccia conserte°. Sarà stata a non piú di venticinque metri di distanza. Mi osservava di sotto in su: da abbastanza vicino perché riuscissi a vederle gli occhi; che erano chiari, grandi (troppo grandi, forse, allora, nel piccolo viso magro da bambina).

    «Che cosa fai, lassú? Sono dieci minuti che sto a guardarti. Se dormivi e ti ho svegliato, scusami. E... condoglianze°!»

    «Condoglianze? Come, perché?», borbottai°, sentendo che il viso mi si copriva di rossore.

    Mi ero tirato su[1].

    «Che ora è?», chiesi, alzando la voce.

said

streaked
hair/girl with flaxen hair

wall surrounding a private garden/windowsill/ leaning over it/leaning against it with arms crossed

condolences

I stammered

---

[1] **Mi ero tirato su** *I stood up.* In the preceding pages the narrator says that he was lying in the grass.

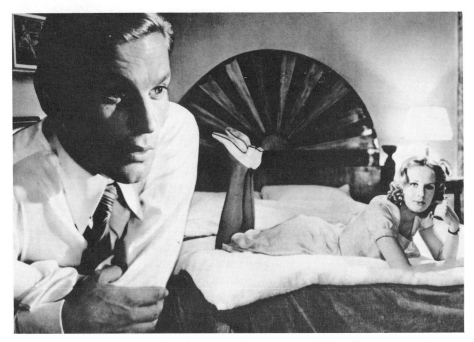

Vittorio De Sica. Scena dal film Il giardino dei Finzi-Contini *(1971). (Courtesy Archivio I.G.D.A., Milano.)*

Dette un'occhiata all'orologino° da polso.   *small wristwatch*

«Io faccio le tre», disse, con una graziosa smorfia°   *grimace*
della bocca. E poi:

«Immagino che avrai fame».

Ero disorientato. Dunque sapevano anche loro!
Giunsi addirittura a pensare°, per un momento, che   *I even got to the point of*
avessero avuto la notizia della mia sparizione° diretta-   *thinking, went so far as to*
mente da mio padre o da mia madre: per telefono, come,   *imagine/disappearance*
certo, infinita altra gente. Ma fu Micòl stessa a rimet-
termi subito in carreggiata°.   *to get me back on the right*
    track at once, straighten
    me out right away

«Sono stata al *Guarini*[2] stamattina, con Alberto, a
vedere i quadri[3]. Ci sei rimasto male°, eh?»   *you were disappointed, upset*

«E tu, sei stata promossa?»

«Ancora non si sa. Forse aspettano, a metter fuori° i   *before they put up*
voti, che abbiano finito *anche* tutti gli altri privatisti[4]. Ma
perché non scendi giú? Vieni piú vicino, cosí faccio a   *I don't have to shout*
meno di sgolarmi°».

[2] *Guarini* **liceo classico** (secondary school with a primarily literary curriculum) of
Ferrara, which takes its name from Giovan Battista Guarini (1538–1612), poet and
author of Ferrara.

[3] **quadri** class rosters of final grades — so called because they are rectangular in shape
and are hung on the wall like a picture.

[4] **privatisti** students who take final examinations in a public school but who study
privately at home.

Era la prima volta che mi rivolgeva la parola°. Di piú: *spoke to me*
era la prima volta, praticamente, che la sentivo parlare.
E fin d'allora notai quanto la sua pronuncia assomi-
gliasse a quella di Alberto. Parlavano ambedue nello
stesso modo: lentamente, in genere°, sottolineando certi *usually*
vocaboli di poco rilievo, di cui essi soli sembravano
conoscere il vero senso, il vero peso°, e invece sorvo- *skipping over*
lando° bizzarramente su altri, che uno avrebbe detto di
importanza molto maggiore. La consideravano, questa,
la loro *vera* lingua; la loro particolare, inimitabile, tutta
privata deformazione dell'italiano. Ad essa davano perfino un nome: il finzi-continico.

Lasciandomi scivolare° giú per il declivio erboso°, mi *slide/grassy slope*
accostai alla base del muro di cinta. Per quanto ci fosse
ombra — un'ombra che sapeva acutamente di[5] ortiche e *nettles and dung*
di sterco° —, faceva piú caldo, laggiú. E adesso lei mi
guardava dall'alto, la testa bionda al sole, tranquilla
come se il nostro non fosse stato un incontro casuale°, *chance*
assolutamente fortuito, ma come se, a partire magari° *perhaps*
da quando eravamo bambini piccoli, non si contassero
nemmeno piú le volte che ci eravamo dati convegno° lí, *meeting, rendezvous*
in quel posto.

«Esageri, però», disse. «Che cosa vuoi che conti avere
una materia a ottobre[6]?»

Ma mi prendeva in giro, evidentemente, e un poco
anche mi disprezzava°. Era abbastanza normale, in *scorned*
fondo, che un fatto simile fosse capitato a un tipo come
me, figlio di gente cosí comune, talmente «assimilata[7]»:
a un quasi-*goi*[8], insomma. Che diritto avevo di far tante *complain, worry so much*
storie°?   *about it*

«Credo che tu ti faccia delle idee un po' strane», risposi.

«Sí?», sogghignò° lei. «E allora spiegami, per favore, *sneered*
per quale ragione oggi non sei andato a casa a mangiare».

«Come lo sai?», mi sfuggí°. *I let slip, said aloud without*
intending to
«Sappiamo, sappiamo. Abbiamo anche noi i nostri
informatori».

---

[5] **sapeva... di** *smelled like.* The verb **sapere,** followed by the preposition **di,** means *to smell like, have the fragrance of.*

[6] **una materia a ottobre** here, **materia** = *course.* **Avere una materia a ottobre** means to have to repeat an exam in the fall after failing it in the spring. Until the 1960s, these exams were held in mid-October; then in mid-September; and now at the beginning of September.

[7] **«assimilata»** *"assimilated"* (into Italian society). Note that both the narrator and Micòl were Jewish.

[8] **goi** means *foreigner* in Hebrew. The term is used to refer to anyone who is not Jewish.

Era stato Meldolesi[9], pensai, non poteva esser stato che lui (infatti non mi sbagliavo). Ma che cosa importava? D'un tratto° m'ero accorto che la questione della bocciatura° era diventata secondaria, una faccenda bambinesca che si sarebbe sistemata da sé°.

suddenly/the problem of having failed (the exam)
would take care of itself

«Come fai», chiesi, «a stare lassú? Sembri alla finestra».

«Ho sotto i piedi la mia brava scala a pioli°», rispose, scandendo° le sillabe di «mia brava» nel suo solito, orgoglioso° modo.

ladder
pronouncing
proud, haughty

Di là dal muro si levò a questo punto un grosso latrato°. Micòl girò il capo, gettando dietro la spalla sinistra un'occhiata piena di noia e di affetto insieme. Fece una boccaccia° al cane, poi tornò a guardare me.

barking

face, grimace

«Uffa![10]», sbuffò calma. «È Jor».

«Di che razza è?»

«È un danese. Ha un anno soltanto, ma pesa quasi un quintale°. Mi tiene sempre dietro°. Io, spesso, cerco di confondere le mie tracce°, ma lui dopo un poco mi ritrova, sta' sicuro. È *terribile*».

100 kilograms (appr. 220 pounds)/he always follows me around/lose him; get him off my trail

Quindi, quasi di seguito:

«Vuoi che ti faccia venir dentro?», aggiunse. «Se vuoi, ti insegno subito come devi fare».

(From *Il giardino dei Finzi-Contini*)

Il giardino dei Finzi-Contini is the tragic and compelling story of the love between two young members of the Jewish bourgeoisie of Ferrara before the outbreak of World War II, during the first racial persecutions in Italy. In the passage that we present here, Micòl — still a young girl of thirteen — meets the narrator who, at fifteen, has just failed a mathematics exam. The scene takes place beside the wall of the garden of the Finzi-Contini, on the outskirts of Ferrara.

Esercizi

A. Domande.

    1. Da dove sta parlando Micòl?
    2. Che aspetto ha?
    3. Perché fa le sue condoglianze al narratore?
    4. Micòl è stata promossa a scuola?
    5. In che modo parla Micòl?
    6. A che razza appartengono i due ragazzi?

---

[9] **Meldolesi**   the narrator's literature professor.
[10] **Uffa!**   interjection expressing irritation and impatience.

7. Perché, a un certo punto, nel dialogo fra i due ragazzi il problema dell'esame a ottobre diventa secondario?
8. Chi c'è assieme a Micòl al di là del muro di cinta?

B. Completate le frasi seguenti, usando gli infiniti in parentesi nelle forme e nei tempi piú appropriati del congiuntivo.

1. Pensò che gli amici (avere) _____ la notizia da suo padre.
2. Benché io (fare) _____ un buon esame, non sono stato promosso.
3. Notai quanto la sua pronuncia (assomigliare) _____ a quella di Alberto.
4. Sembrava che solo loro (conoscere) _____ il senso di quelle parole.
5. Credo che tu (farsi) _____ delle idee un po' strane.
6. Era normale che ciò (capitare) _____ a un tipo come me.
7. Vorrei, per favore, che tu mi (spiegare) _____ perché non sei andato a casa a mangiare.
8. Vorresti che io ti (insegnare) _____ come devi fare?

C. Argomenti per lo scritto e la conversazione.

1. Nel clima di antisemitismo diffuso in Italia dalla Germania al tempo del fascismo, gli ebrei furono vittime, anche in Italia, di una persecuzione razziale. Illustratene alcuni aspetti.
2. Confrontate il sistema scolastico superiore americano con quello italiano.

Primo Levi

✎ *(1919 -   )*

Nato a Torino nel 1919, laureato in chimica, partecipò alla lotta partigiana. Fu deportato dai tedeschi nel Lager di Auschwitz perché ebreo. Da quella mostruosa esperienza nacque *Se questo è un uomo* (1947), uno dei libri piú significativi della letteratura europea ispirati ai campi di concentramento. Attraverso uno stile sobrio e asciutto, Levi lascia parlare i fatti senza abbandoni emotivi né rancore nei confronti della fredda ferocia dei nazisti. Il racconto dell'avventuroso ritorno da Auschwitz attraverso l'Europa orientale è descritto da Levi ne *La tregua* (1963). Successivamente, la sua narrativa si è andata arricchendo nella tematica, dalle favole fantascientifiche (*Storie naturali,* 1967; *Vizio di forma,* 1971) alla descrizione autobiografica del suo rapporto col mondo scientifico e tecnologico (*Il sistema periodico,* 1975; *La chiave a stella,* 1979), al romanzo epico (*Se non ora, quando?* 1982), in cui l'autore ritorna alla rievocazione della seconda guerra mondiale e del mondo ebraico slavo.

La selezione

Il Blockältester° ha chiuso la porta Tagesraum°-dormitorio e ha aperto le altre due che dal Tagestraum e dal dormitorio dànno all'esterno. Qui, davanti alle due porte, sta l'arbitro del nostro destino, che è un sottufficiale delle SS. Ha a destra il Blockältester, a sinistra il furiere° della baracca. Ognuno di noi, che esce nudo dal Tagesraum nel freddo dell'aria di ottobre, deve fare di corsa° i pochi passi fra le due porte davanti ai tre, consegnare la scheda° alla SS e rientrare per la porta del dormitorio. La SS, nella frazione di secondo fra due passaggi successivi, con uno sguardo di faccia e di schiena° giudica della sorte° di ognuno, e consegna a sua volta° la scheda all'uomo alla sua destra o all'uomo alla sua sinistra, e questo è la vita o la morte di ciascuno di noi. In tre o quattro minuti una baracca di duecento uomini è «fatta», e nel pomeriggio l'intero campo di dodicimila uomini.

Io confitto nel carnaio° del Tagesraum ho sentito gradualmente allentarsi° la pressione umana intorno a me, e in breve è stata la mia volta°. Come tutti, sono passato

*boss of the barracks/day-
room (German)*

quartermaster
rapidly
turn in his form

*from the back/
fate/in turn*

trapped in the slaughterhouse
slacken, decrease
my turn

Campo di concentramento nazista. (Courtesy Archivio I.G.D.A., Milano.)

con passo energico ed elastico, cercando di tenere la testa alta, il petto in fuori° e i muscoli contratti e rilevati°. Con la coda dell'occhio° ho cercato di vedere alle mie spalle, e mi è parso che la mia scheda sia finita a destra.

my chest out
well defined/out of the corner of my eye

A mano a mano° che rientriamo nel dormitorio, possiamo rivestirci°. Nessuno conosce ancora con sicurezza° il proprio destino, bisogna anzitutto° stabilire se le schede condannate sono quelle passate a destra o a sinistra. Ormai° non è più il caso di risparmiarsi° l'un l'altro e di avere scrupoli superstiziosi. Tutti si accalcano° intorno ai più vecchi, ai più denutriti, ai più «mussulmani»[1]; se le loro schede sono andate a sinistra, la sinistra è certamente il lato dei condannati.

gradually
get dressed again/with certainty/first of all

At this point/to spare each other/crowd

Prima ancora che la selezione sia terminata, tutti già sanno che la sinistra è stata effettivamente la «schlechte Seite», il lato infausto°. Ci sono naturalmente delle irregolarità: René per esempio, così giovane e robusto, è

the unlucky side

[1] «**mussulmani**» a word of uncertain Moslem origin, used in the *Lager* to indicate persons in the weakest physical condition who were destined by the Germans for extermination.

finito a sinistra: forse perché ha gli occhiali°, forse perché cammina un po' curvo come i miopi°, ma piú probabilmente per una semplice svista°. René è passato davanti alla commissione immediatamente prima di me, e potrebbe essere avvenuto uno scambio° di schede. Ci ripenso, ne parlo con Alberto[2], e conveniamo° che l'ipotesi è verosimile: non so cosa ne penserò domani e poi; oggi essa non desta° in me alcuna emozione precisa.

Parimenti° di un errore deve essersi trattato° per Sattler, un massiccio° contadino transilvano° che venti giorni fa era ancora a casa sua; Sattler non capisce il tedesco, non ha compreso nulla di quel che è successo e sta in un angolo a rattopparsi la camicia°. Devo andargli a dire che non gli servirà piú la camicia?

Non c'é da stupirsi di queste sviste: l'esame è molto rapido e sommario, e d'altronde°, per l'amministrazione del Lager°, l'importante non è tanto che vengano eliminati proprio i piú inutili°, quanto che si rendano speditamente liberi posti° in una certa percentuale prestabilita.

Nella nostra baracca la selezione è ormai finita, però continua nelle altre, per cui siamo ancora sotto clausura°. Ma poiché frattanto i bidoni della zuppa° sono arrivati, il Blockältester decide di procedere senz'altro° alla distribuzione. Ai selezionati verrà distribuita doppia razione. Non ho mai saputo se questa fosse un'iniziativa assurdamente pietosa° dei Blockälteste od un'esplicita disposizione delle SS, ma di fatto, nell'intervallo di due o tre giorni (talora° anche molto piú lungo) fra la selezione e la partenza, le vittime a Monowitz-Auschwitz godevano° di questo privilegio.

Ziegler presenta la gammella°, riscuote la normale razione, poi resta lí in attesa. — Che vuoi ancora? — chiede il Blockältester: non gli risulta che a Ziegler spetti il supplemento, lo caccia via con una spinta°, ma Ziegler ritorna e insiste umilmente°: è stato proprio messo a sinistra, tutti l'hanno visto, vada il Blockältester a consultare le schede: ha diritto alla doppia razione. Quando l'ha ottenuta, se ne va quieto in cuccetta a mangiare.

Adesso ciascuno sta grattando° attentamente col cucchiaio il fondo della gamella per ricavarne le ultime briciole° di zuppa, e ne nasce un tramestío metallico sonoro° il quale vuol dire che la giornata é finita. A poco a poco prevale il silenzio, e allora, dalla mia cuccetta che è

Marginal glosses:

eyeglasses
nearsighted
oversight
exchange
we agree
awakens
in the same way/it must have been/big, burly/from Transylvania
to mend his shirt
in any case
camp (German)
useless/that places be vacated
locked up, sequestered
bins of soup
without delay
merciful
sometimes
enjoyed
mess tin
he pushes him away
humbly
scraping
crumbs
loud metallic din

---

[2] **Alberto**   another prisoner of the *Lager* who was a close friend of the protagonist.

al terzo piano, si vede e si sente che il vecchio Kuhn
prega, ad alta voce, col berretto° in testa e dondolando il   *yarmulke/rocking his upper*
busto° con violenza. Kuhn ringrazia Dio perché non è   *body back and forth*
stato scelto.

Kuhn è un insensato°. Non vede, nella cuccetta ac-   *fool*
canto, Beppo il greco che ha vent'anni, e dopodomani
andrà in gas, e lo sa, e se ne sta sdraiato° e guarda fisso la   *stretched out*
lampadina senza dire niente e senza pensare piú niente?
Non sa Kuhn che la prossima volta sarà la sua volta?
Non capisce Kuhn che è accaduto oggi un abominio che
nessuna preghiera propiziatoria, nessun perdono, nes-
suna espiazione dei colpevoli°, nulla insomma° che sia   *guilty/in short*
in potere° dell'uomo di fare, potrà risanare° mai piú?   *power/cure*
Se io fossi Dio, sputerei° a terra la preghiera di Kuhn.   *I would spit*
(From *Se questo è un uomo*)

A brief glance from an SS official decides who will live and who will go to the
gas chamber. This passage, taken from the novel Se questo è un uomo, *is based*
on Levi's own experiences in the Nazi concentration camp of Auschwitz. Life
and death are part of the same mechanical scheme, as tragic as it is grotesque:
a condemned man, instead of despairing, asks for the double ration of soup to
which he is entitled and calmly sits down to eat it.

Esercizi

A. Domande.
1. Chi è l'arbitro del destino dei prigionieri?
2. Come escono i prigionieri dal Tagesraum, nudi o vestiti?
3. A chi consegnano la scheda i prigionieri prima di rientrare nel
dormitorio?
4. In quanti minuti è «fatta» una baracca di duecento uomini?
5. Perché il protagonista, mentre passa davanti alle SS, cerca di
tenere la testa alta e il petto in fuori?
6. Cosa cerca di vedere il prigioniero con la coda dell'occhio?
7. Chi sono i «mussulmani»?
8. Se le schede dei «mussulmani» sono andate a sinistra, quale
sarà il lato dei condannati?
9. Perché René, cosí giovane e robusto, è finito a sinistra?
10. Perché il protagonista teme che ci sia stato uno scambio di
schede tra la sua e quella di René?
11. Sattler è stato vittima di un errore. Perché, invece di continuare
a rattoppare la camicia, non protesta?
12. Cos'è piú importante per l'amministrazione del Lager, che siano
eliminati i prigionieri piú inutili o che si rendano liberi piú posti?
13. Come mai i condannati ricevono doppia razione di zuppa?
14. Perché Ziegler, avuta la sua normale razione di zuppa, resta lí in
attesa?

15. In cosa consiste la triste ricompensa di coloro che sono stati condannati?
16. Che cos'è quel tramestio metallico che indica la fine della giornata?
17. A che piano si trova la cuccetta del protagonista?
18. Che cosa fa nel silenzio il vecchio Kuhn?
19. Chi c'è accanto alla cuccetta di Kuhn?
20. Cosa fa Beppo in attesa di andare a morire?
21. Secondo l'autore, a cosa serve la preghiera di Kuhn?
22. Perché l'autore dice che, se fosse Dio, sputerebbe a terra la preghiera di Kuhn?

B. Scegliete nella colonna **B** la frase piú adatta a completare quella della colonna **A**.

A	B
1. Davanti alle due porte	**a.** di duecento persone è «fatta».
2. Ognuno di noi esce	**b.** alle mie spalle.
3. In quattro minuti una baracca	**c.** sta l'arbitro del nostro destino.
4. Con la coda dell'occhio ho cercato di vedere	**d.** il tedesco.
5. Ci sono naturalmente	**e.** doppia razione.
6. René è passato davanti alla	**f.** nudo nel freddo dell'aria di ottobre.
7. Un contadino transilvano che non capisce	**g.** rapido e sommario.
8. L'esame è molto	**h.** va quieto in cuccetta a mangiare.
9. Ai condannati verrà distribuita	**i.** delle irregolarità.
10. Le vittime ad Auschwitz godevano di	**j.** commissione prima di me.
11. Quando l'ha ottenuta se ne	**k.** dire niente.
12. Guarda fisso la lampadina senza	**l.** questo privilegio.

C. Rispondete alle seguenti domande secondo l'esempio.

ESEMPIO: Il sottufficiale ha aperto la porta?
           No, non l'ha aperta.

1. Il prigioniero ha consegnato la scheda?
2. L'autore ha guardato l'amico?
3. Hanno fatto un'irregolarità?
4. La commissione ha fatto uno scambio?
5. Sattler capisce il tedesco?
6. I condannati hanno avuto la doppia razione?
7. Hanno mangiato la zuppa?
8. Ha sentito un rumore di cucchiai?
9. Dalla sua cuccetta l'autore ha visto il vecchio Kuhn?
10. Il giovane greco ha superato la selezione?

D. Argomento per lo scritto e la conversazione.
   Considerazioni sulla scena macabra descritta da Levi: da una parte un automa senza volto né anima, espressione della «pura» razza ariana, dall'altro gli ebrei: cose, non piú uomini.

Giorgio Bocca

(1920 –   )

Nato a Cuneo, in Piemonte, nel 1920. Durante la seconda guerra mondiale, aderí alla lotta della Resistenza, e fu comandante partigiano. Nel secondo dopoguerra, si è dedicato all'attività giornalistica, e ha acquistato larga notorietà come inviato speciale, poi come commentatore del costume e delle storture della società italiana. Bocca ha profondamente innovato il linguaggio giornalistico, avvicinandolo alla lingua parlata e semplificandone le strutture, senza rinunciare a un uso lucido e pungente dell'intelligenza e dell'analisi critica. La sua vasta produzione spazia dalle opere di rievocazione o di ricerca storica (*Partigiani delle montagne,* 1945; *Una repubblica partigiana,* 1964; *Storia dell'Italia partigiana,* 1965; *Storia d'Italia nella guerra fascista,* 1969; *Togliatti,* 1973) alla pubblicistica piú legata agli eventi della società di oggi (*L'Italia è malata,* 1977; *Il terrorismo italiano 1970 – 78,* 1978).

Combattere sulla neve

Mille sintomi dicevano intanto che la bufera° stava per avvicinarsi. Negli ultimi tempi i partigiani erano divenuti troppo attivi ed audaci° ed incominciavano a rappresentare per i tedeschi una minaccia che non si poteva oltre° tollerare. La cattura dei prigionieri tedeschi[1] doveva rappresentare la goccia che fa traboccare il vaso[2].

Aerei tedeschi gettarono in tutte le valli manifestini°, minacciando ferro e fuoco[3] alla popolazione civile se non avesse denunciato° i «banditi»; dando a questi l'ultimatum di restituire i prigionieri. Accettare un simile ultimatum significava distruggere un prestigio e rinunciare alla lotta. Il silenzio fu la risposta. Il comando nemico organizzò allora una serie di operazioni che doveva investire° i principali centri partigiani. Il 31 di-

storm (here, used metaphorically)

audacious, daring

any further, any more

brochures, fliers
if they didn't report, turn in

hit

[1] **La cattura dei prigionieri tedeschi**   a reference to the capture of seven German soldiers by a band of Partisans on December 27, 1943, in Mondovì, Piemonte.
[2] **la goccia che fa traboccare il vaso**   *lit.* "the drop that makes the vase overflow." A comparable idiom in English is "the last straw."
[3] **minacciando ferro e fuoco**   *(idiomatic)* threatening destruction.

cembre Boves[4], il 1° gennaio la Val Maira, il 10 la Val Grana[5].

Quando giunse la notizia dell'attacco di Boves, immediatamente, a S. Matteo ed ai Damiani[6], fu deciso di correre in aiuto dei compagni.

Gli uomini salirono sugli automezzi° e partirono.

vehicles (including trucks, cars, jeeps)

Ancora una volta si correva incontro all'incerto, senza sapere dove fosse il nemico, quale fosse la sua entità°, senza sapere ciò che si sarebbe potuto fare. A una cosa sola si pensava, ad aiutare i compagni.

number (of troops)

Il primo autocarro entrò in Borgo S. Dalmazzo[7] e mentre percorreva la via centrale ne incrociò° uno che correva in direzione opposta. Nell'interno° una decina di tedeschi assonnati°. Solo quando partirono le prime raffiche°, il nemico si accorse della presenza dei partigiani. Uno dei tedeschi colpiti rotolò° sulla strada. Gli autocarri continuarono a correre in opposte direzioni. Solo rimase il cadavere sulla piazza deserta.

met up with, crossed the path of/inside (the other truck)/sleeping

rounds of machine gun fire

rolled

Giunti nei pressi di Fontanelle[8], i partigiani di Valgrana, a cui si erano aggiunti i gruppi di Val Stura e Val Gesso[9], si disposero° a muovere verso Boves, ma come era prevedibile nessuna possibilità esisteva di aiutare efficacemente il gruppo di S. Giacomo[10]. Tremila tedeschi armatissimi erano una forza contro la quale nulla si poteva fare. Il gruppo di Boves aveva già cessato la resistenza sganciandosi° si aspettava che, da un momento all'altro, la colonna transitasse° per ritornare a Cuneo. Impegnare combattimento° a cinquanta chilometri dalla propria sede, con scarse munizioni, significava sacrificare inutilmente gli uomini. Tuttavia, per non allontanarsi senza nulla aver tentato, fu deciso di lasciare una ventina di armati° presso il ponte di ferro, pronti a tendere un'imboscata° alla colonna nemica. Di quella notte uno di essi ha scritto questo ricordo:

prepared

(slang) leaving, moving off
passed by
get involved in fighting

armed men
ambush

«Non avrei pensato certo di attendere° cosí il nuovo anno. Le foglie secche che abbiamo ammonticchiato° nella postazione°, non impediscono alla neve di entrare nelle scarpe, ed ai piedi di gelare. I mitragliatori° sono

wait for
piled up
hideout
machine guns

---

[4] **Boves**   farming town not far from Cuneo.

[5] **Val Maira... Val Grana**   valleys near Cuneo, in the Maritime Alps, formed by the Maira and Grana rivers.

[6] **S. Matteo... Damiani**   towns in the valley of the Grana river.

[7] **Borgo S. Dalmazzo**   small town near Cuneo.

[8] **Fontanelle**   Fontanelle di Boves, a part of the town of Boves.

[9] **Val Stura... Val Gesso**   two adjacent valleys, formed by the Stura and Gesso rivers, that meet at the height of Cuneo.

[10] **S. Giacomo**   S. Giacomo di Boves, a village near Cuneo.

incrostati di ghiaccio. Non so come potranno sparare°. *shoot*
Il cielo è stellato e la notte chiara. Aspettiamo ancora
quella maledetta colonna che non si decide ad arrivare°, *(idiomatic) is slow in*
dandoci ogni tanto il cambio all'arma. Non so quante *coming, looks like it never*
ore siano già passate e per quante dovremo ancora *will arrive*
aspettare; sto chiudendo gli occhi quando il compagno
mi scuote°. "Guarda". Lontano nella pianura si alzano *shakes*
luminarie di razzi° di ogni colore. È mezzanotte, i tedes- *fireworks*
chi festeggiano il nuovo anno. Collane di traccianti° sol- *rockets (a type of*
cano° il buio. Ci siamo alzati in piedi e ci stringiamo la *fireworks)/cross*
mano. "Buon anno" diciamo pure noi. "Cento di questi
giorni!" bofonchia° Dino dalla sua postazione. Gli getto *mumbles*
una manciata° di neve. Lo sento ridacchiare°. Ci accoc- *handful/laugh softly/we curl*
coliamo° di nuovo vicino alle armi». *up*

In fondo alla valle il buio è rotto da uno sfumo° ros- *shade (of color)*
sastro e anche dietro a noi, oltre il costone°, in direzione *slope of the mountain*
dei Damiani un alone° di luce. Camminiamo affon- *halo*
dando nella neve per giungere sul ciglio della costa°. *at the edge of the mountain*
Alberto che mi precede si è fermato ad attendermi.
«Guardia! guarda!» mi ripete con voce soffocata.
A cinquecento metri sotto di noi le case del «Bialot»° *town in the Grana valley*
bruciano come torcie. Vedo la casa di Marella, il nostro
amico, ridotta ad uno scheletro e poi su, lungo la costa
del monte, tre borgate, i Verra, i Pulin, i Damiani° che *three small villages in the*
ardono completamente. Le fiamme paiono° nella notte *Grana valley/seem*
l'illuminazione di una festa macabra. Affrettiamo il
passo, corriamo quasi presi da un'angoscia tristissima,
lungo la pista° appena segnata che porta ai Damiani. *path*
Entriamo [...] in paese. In mezzo alla strada sono le
donne e i vecchi. Guardano inebetiti° le loro case che *stupefied*
ardono. La neve si scioglie° dai tetti e goccia acqua *melts*
d'ogni parte. Qualche trave°, ridotta ad una massa di *wooden beam*
braci°, crolla trascinando le tegole di ardesia°. *coals, cinders/collapses*
Aiutiamo la gente a gettare secchi° d'acqua sul fuoco *dragging the slate roof*
ed a trasportare qualche mobile [...] Il nemico ha avuto *tiles with it/buckets*
fretta, ha incendiato a caso senza ispezionare le case. La
popolazione si avvia° verso borgate più lontane dove ha *starts out*
conoscenze e parentele. Noi ci riuniamo sfiniti° nella *exhausted*
nostra stanza. Rimaniamo silenziosi nella stanza che un
lume a petrolio illumina. Non mettiamo neppure la
guardia tanto siamo sfiniti e ci addormentiamo così, uno
accanto all'altro.

(From *Partigiani delle montagne*)

This passage is taken from the book Partigiani delle montagne, *which tells
the story of the war against the Germans in the mountains of northwest Italy*

after 1943. This war was organized by the Partisans, bands of guerrilla fighters opposed to the Fascist and Nazi regimes. Among the Partisans were political prisoners who had escaped from Fascist jails, soldiers who had deserted the Fascist army, civilians, workers, peasants, and women. This passage describes the first months of the Partisan Resistance in the valleys of Cuneo, in the region of Piemonte.

Carta geografica del Piemonte. (Courtesy Archivio I.G.D.A., Milano.)

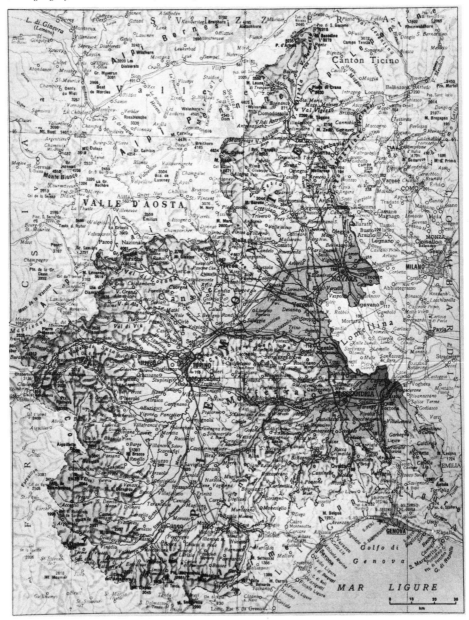

Cuneo e la sua zona. Carta geografica. (Courtesy Archivio I.G.D.A., Milano.)

Esercizi

A. Domande.

1. Quale «bufera» si sta avvicinando?
2. Perché la «bufera» si sta avvicinando?
3. Che cosa minacciano i manifestini dei tedeschi?
4. Come risponde il comando partigiano?
5. Che cosa fanno i partigiani dopo la notizia dell'attacco nemico?
6. A che cosa pensano?
7. Perchè viene decisa l'imboscata?
8. Che cosa scrive un partigiano su quella notte?
9. Come festeggiano i tedeschi il nuovo anno?
10. Come lo festeggiano i partigiani?
11. Come appaiono ai partigiani le borgate di montagna incendiate dai tedeschi?
12. Che cosa fanno le donne e i vecchi del paese?
13. Perché nel paese ci sono solo donne e vecchi?
14. Perché i partigiani non mettono la guardia alla casa?

B. Elencate gli infiniti che hanno la stessa radice dei sostantivi riportati di seguito e, in un secondo tempo, scrivete una frase originale per ogni infinito elencato.

1. cattura   _____   _____
2. lotta   _____   _____

123

  3. risposta   _____   _____
  4. attacco   _____   _____
  5. aiuto   _____   _____
  6. resistenza   _____   _____
  7. ricordo   _____   _____
  8. cambio   _____   _____
  9. illuminazione   _____   _____
 10. festa   _____   _____
 11. angoscia   _____   _____
 12. conoscenze   _____   _____

C. Argomenti per lo scritto e la conversazione.
  1. Nel brano si parla di una provincia del Piemonte, Cuneo. Dov'è
     il Piemonte? In quante provincie è diviso? Qual è la sua
     conformazione geografica (monti, fiumi, ecc.)? E la sua
     economia? Quali sono le città più importanti?
  2. Approfondite l'argomento della Resistenza in Italia. Quali forze
     politiche parteciparono alla Resistenza? In quale periodo si
     svolse? Conoscete anche qualche episodio importante?

Pier Paolo Pasolini

 (1922 - 1975)

Nacque a Bologna nel 1922, da un padre ufficiale dell'esercito e da una madre friulana di famiglia contadina. Trascorse l'adolescenza a Casarsa, nel Friuli, paese natale della madre. Laureato in Lettere, si trasferí a Roma nel 1949, conducendo, dapprima, una vita di estrema povertà. Aveva già pubblicato un volume di versi, in dialetto friulano, *Poesie a Casarsa* (1942); gli anni Cinquanta lo videro riprendere l'attività di scrittore, e frequentare gli ambienti intellettuali. Il suo universo letterario era proiettato verso il mondo degli umili, che lottano quotidianamente per sopravvivere. Fu la fase neorealistica di Pasolini, testimoniata dai versi di *Le ceneri di Gramsci* (1955) e dai romanzi *Ragazzi di vita* (1955) e *Una vita violenta* (1959), che, ambientati nell'universo dei sottoproletari, dei «baraccati» romani, gli procurarono un notevolissimo successo, anche internazionale. Piú in là, abbandonata quasi completamente la narrativa, si diede interamente alla poesia (*La religione del mio tempo,* 1961; *Poesia in forma di rosa,* 1964; *Trasumanar e organizzar,* 1971), proclamando il suo dissenso nei confronti della civiltà industriale, alla saggistica (*Empirismo eretico,* 1972), al giornalismo (*Le belle bandiere,* 1977 postumo) e al cinema. Fu soprattutto l'attività di regista cinematografico a procurargli fama internazionale. Tra i suoi film piú noti: *Accattone* (1961), *Il Vangelo secondo Matteo* (1964), *Uccellacci e uccellini* (1966), *Edipo re* (1967), *Medea* (1969), *Il Decameron* (1971), *Salò o Le 120 giornate di Sodoma* (1975). Pasolini morí ucciso a Ostia Lido, vicino a Roma, la notte fra l'1 e il 2 novembre 1975, in circostanze non ancora chiarite.

Un anacronismo

Perché rapine°, rapimenti°, criminalità minorili, effettivi coprifuochi°, furti, esecuzioni capitali, omicidi gratuiti, sono in concreto « esclusi » dalla logica e comunque mai concatenati°. Due ragazzi di diciassette anni a Ladispoli[1] luogo di villeggiatura° della malavita° hanno ferito mortalmente a rivoltellate° un loro coetaneo° perchè non gli aveva dato le candele della sua motocicletta che servivano alla loro: e il « Paese-Sera »[2] intitola

thefts/kidnappings
curfews

related, connected
(ironic) *resort/criminal*
underworld/revolver shots/a
  boy his own age

---

[1] **Ladispoli**   town near Rome.
[2] «PAESE-SERA»   Roman daily newspaper.

il pezzo su questo fatto di cronaca° «Assurdo a Ladis-   *news item*
poli». Assurdo forse nel 1965. Oggi è la normalità. Quel
pezzo doveva essere intitolato «Normale a Ladispoli».
Perché questo anacronismo nel «Paese-Sera»? Non lo
sanno i giornalisti di «Paese-Sera» che l'*eccezione* è trovare nelle borgate[3] romane un diciassettene *senza* rivoltella? Perché nessun giornale ha parlato di una sparatoria con mitra[4], a causa di una «Porsche» rubata
avvenuta due o tre sere fa a Tormarancio[5]? Perché nessun giornale ha parlato dei colpi di rivoltella sparati alle
gambe di un «giovanotto che fa il culturismo°» da un   *bodybuilding*
ragazzo di quindici anni che gli ha gridato: «La prossima
volta ti sparo in bocca»? Voglio dire: perché la stampa
rimuove° e fa passare sotto silenzio migliaia di reati°   *repress, hide/crimes*
come questi (i furti e gli scippi° non si contano°) che   *purse-snatchings, muggings/*
avvengono ogni notte nelle grandi città, trascegliendo°   *are countless/choosing*
tra tali reati solo quelli di cui non si può decentemente
tacere°? E per di piú sdrammatizzandoli°, imponendo   *keep silent about/minimizing*
all'opinione pubblica un adattamento?   *their importance*
    Ma non voglio rincarare la dose°, e passare per un   *go too far (in my criticism)*
uomo d'ordine. Sia ben chiaro che la «malavita» mi
interessa solo in quanto i suoi rappresentanti sono
umanamente mutati° rispetto a quelli di dieci anni fa. E   *changed*
ciò non è un episodio. Fa parte di un tutto unico°, di una   *a single, complex*
rivoluzione antropologica unica, che comprende anche   *phenomenon*
la mutazione delle casalinghe°...   *housewives*
    La domanda reale è: perché questa diacronia° tra la   *temporal disjunction*
cronaca e l'universo mentale di chi si occupa di prob-
lemi politici e sociali?
    Ciò che avviene «fuori dal Palazzo»[6] è qualitativa-
mente, cioè storicamente, diverso da ciò che avviene
«dentro il Palazzo»: è infinitamente piú nuovo, spaven-   *terribly*
tosamente° piú avanzato.
    Ecco perché i potenti che si muovono «dentro il Pa-
lazzo», e anche coloro che li descrivono—stando
anch'essi, logicamente «dentro il Palazzo» per poterlo
fare—si muovono come atroci, ridicoli, pupazzeschi
idoli mortuari°. In quanto potenti essi sono già morti,   *puppet-like idols, the image*
perché ciò che «faceva°» la loro potenza—ossia un   *of death/constituted*
certo modo di essere del popolo italiano—non c'è piú: il
loro vivere è dunque un sussultare burattinesco°.   *dancing, jerking like puppets*
    Uscendo «fuori dal Palazzo» si ricade in un nuovo

---

[3] **borgate** slums on the extreme outskirts of Rome.
[4] **mitra** submachine gun, small automatic weapon.
[5] **Tormarancia** Roman **borgata** (shantytown).
[6] **Palazzo** the seat of political power. Here, the term is used metaphorically to indicate
   the government, politicians in general.

«dentro»: cioè dentro il penitenziario del consumismo[7].
E i personaggi principali di questo penitenziario sono i
giovani.

Strano a dirsi°: è vero che i potenti sono stati lasciati   *it's a strange phenomenon*
indietro dalla realtà con addosso°, come una ridicola   *wearing*
maschera, il loro potere clerico-fascista[8], ma anche gli
uomini all'opposizione sono stati lasciati indietro dalla
realtà con addosso, come una ridicola maschera, il loro
progressismo e la loro tolleranza.

(From *Corriere della Sera*)

This article, published on August 1, 1975, in the Corriere della Sera, *one of
Italy's most important daily newspapers, expresses Pasolini's perplexity and
disappointment toward a world from which he feels estranged because it has
been corrupted by consumerism and the violence it causes. The title, "An-
achronism," refers to the media's failure to acknowledge the violence that is
part of everyday life in modern capitalist society.*

Esercizi

A. Domande.
1. Perché lo scrittore dice che, nella società italiana di oggi, rapine,
   delitti, furti, ecc., sono esclusi dalla logica dell'informazione?
2. Perché, secondo lo scrittore, delitti e rapine, oggi, sono la normalità?
3. Perché i giornali non parlano di tutto questo come dovrebbero?
4. Che cosa avviene fuori dal «Palazzo»?
5. Che cosa avviene dentro il «Palazzo»?
6. In qual modo lo scrittore giudica i potenti?
7. Pone una differenza fra il potere clerico-fascista e l'opposizione?
8. Sono ancora mezzi utili il progressismo e la tolleranza?

B. Completate le seguenti frasi usando i tempi del congiuntivo.
1. Credevo che i due ragazzi (volere) _____ le candele per la
   motocicletta.
2. Sarebbe stato meglio se il giornalista (intitolare) _____ il pezzo
   diversamente.
3. Temo che questo (essere) _____ un episodio grave.
4. Non sapevo che nelle grandi città (avvenire) _____ tanti furti.
5. Mi dispiace che questo giornale non (occuparsi) _____ anche di
   problemi sociali.
6. Questa è la notizia più ridicola che io (leggere) _____ finora!

---

[7] **consumismo** *consumerism,* the new «religion,» which in Pasolini's view characterizes
all capitalist societies.

[8] **clerico-fascista** Pasolini refers to the historical alliance between the Catholic right and
the Fascist movement in Italian politics.

C. Argomento per lo scritto e la conversazione.

Secondo Pasolini, dagli anni Settanta è iniziata in Italia una rivoluzione di costume e di mentalità, una «rivoluzione antropologica». Spiegate con esempi:

1. Se questo riguarda anche gli Stati Uniti e il luogo in cui vivete.
2. Valutate la portata del fenomeno, mettendone in luce eventuali aspetti positivi e negativi.

La morte di Marcello

Marcello s'era quasi sturbato° per la debolezza e il male; e i suoi lo sapevano che ormai i medici non gli avevano dato piú di due o tre giorni°. Vedendolo cosí bianco, il padre andò a chiamare una suora°, e sua madre si lasciò andare in ginocchio contro la sponda° del letto, stringendo° sempre il figlio per una mano e mettendosi a piangere in silenzio. Tornò il padre con la suora, che lo guardò, gli passò una mano sulla fronte°, e con uno sguardo spento°, andandosene, disse:

— Bisogna avere pazienza.

A quelle parole la madre alzò un po' la testa, si guardò intorno e cominciò a piangere piú forte:

— Fijo mio°, fijo mio, — diceva tra i singhiozzi° — povero fijo mio...

Marcello riaprí gli occhi, e vide la madre che piangeva e gridava a quel modo, con tutti gli altri intorno che chi piangeva, chi[1] lo guardava con degli occhi diversi dal solito. Agnolo e Oberdan[2] stavano adesso in disparte°, in fondo al letto, perché avevano lasciato il posto piú vicino a Marcello ai suoi famigliari.

— Ma che c'avete?° — disse Marcello con un filo di voce°. La madre continuò a piangere ancora piú disperata, senza sapersi trattenere°, e cercando di soffocare i singhiozzi contro le lenzuola°. Marcello si guardò intorno meglio, come se stesse pensando intensamente a qualcosa.

— Ah, ma allora, — disse dopo un poco — me ne devo proprio annà°. — Nessuno gli disse niente. — Ma allora, — riprese Marcello, guardando fisso quelli che gli stavano intorno, — devo proprio morí°...

had almost lost consciousness

days (left to live)
nun
edge/holding, grasping

forehead
sad

(dialect) my son/sobs

aside

what's wrong?/a soft voice

unable to control herself
sheets

andare (die)

(dialect) morire

---

[1] **chi... chi**   some . . . others.
[2] **Agnolo e Oberdan**   two of Marcello's companions.

Roma. Nuovo Salario. Insediamenti urbani. (Courtesy Archivio I.G.D.A., Milano.)

Agnolo e l'altro se ne stavano zitti e accigliati°. Dopo   *frowning*
qualche minuto di silenzio, Agnolo si fece coraggio,
s'accostò al letto e toccò Marcello s'°una spalla: (elision) *su*
— Noi te salutamo°, a Marcè°, — disse; — se ne do-   (dialect) *ti salutiamo/*
vemo annà, mo, che c'avemo 'a puntata coll'amici[3].   (dialect, vocative)

---

[3] **se ne dovemo... coll'amici   ce ne dobbiamo andare, ora, perchè abbiamo un
appuntamento con gli amici.**

—Ve saluto, a Agnolè° — disse con voce debole ma ferma Marcello. Poi dopo aver pensato un momento, aggiunse ancora: «E salutateme tutti giú a Donna Olimpia, si è proprio ch'io non ce ritorno ppiú... E dìteje che nun s'accorassero tanto!»[4].

Marcello/(dialect) *vi saluto, Agnolo!*

Agnolo spinse Oberdan per una spalla, e se ne andarono giú per la corsia° ormai quasi buia, senza dire una parola.

hospital ward

(From *Ragazzi di vita*)

This episode is taken from the novel Ragazzi di vita, *which describes the life of a group of young boys in the Roman* borgate, *surrounded by poverty and violence. The passage recounts the death of one of the boys, Marcello, who has been caught in a collapsing building. The novel is written in a mixture of Italian and Roman dialect.*

Esercizi

A. Domande.
1. Quanta vita ha ancora davanti a sé Marcello?
2. Che cosa fanno il padre e la madre?
3. Che cosa dice la madre?
4. Che cosa vede Marcello riaprendo gli occhi?
5. Perché Agnolo e Oberdan stanno in disparte?
6. Che cosa dice Marcello?
7. Perché Agnolo e Oberdan stanno zitti?
8. Che cosa dicono alla fine?
9. Che cosa risponde loro Marcello?
10. Dove sta Marcello?

B. Scrivete l'aggettivo che ha la stessa radice dei nomi elencati di seguito.
ESEMPIO: debolezza
           debole
1. silenzio
2. pazienza
3. forza
4. coraggio
5. momento

C. Scrivete il nome che ha la stessa radice degli aggettivi elencati di seguito.
ESEMPIO: povero
           povertà
1. diversi
2. vicino

---

[4] «E salutateme... tanto!»   «E salutatemi tutti giù a Donna Olimpia, se è proprio vero che non ci tornerò più... E diteli di non prendersela troppo!» Donna Olimpia is the name of a Roman **borgata**.

3. disperata
4. debole
5. ferma
6. buia

D. Argomento per lo scritto e la conversazione.

I dialoghi del racconto di Pasolini sono scritti in dialetto romanesco.
Pensate che l'uso del dialetto, nella lingua parlata e/o scritta, sia una
caratteristica da incoraggiare o, viceversa, sia un fenomeno da limitare e
correggere? Spiegate il vostro punto di vista, possibilmente offrendo
qualche esempio.

Italo Calvino

 (1913 - 1985)

Nacque nel 1923 a Santiago de Las Vegas, un villaggio vicino a L'Avana, da genitori liguri che conducevano ricerche agronomiche e botaniche nell'isola di Cuba. A meno di due anni, tuttavia, Calvino era già in Liguria, a Sanremo, che poi sempre considerò la sua città natale: qui visse fino all'età di vent'anni, prima di trasferirsi a Torino, in Piemonte. Partecipò alla guerra partigiana nelle brigate Garibaldi e, dopo la guerra, si laureò con una tesi su Joseph Conrad. Esordí con due lunghi racconti sulla Resistenza, *Il sentiero dei nidi di ragno* (1947) e *Ultimo viene il corvo* (1949). A essi fece seguire una lunga, fertile produzione di narratore, rivelando una personalità complessa, a piú facce. Con la trilogia allegorica *Il visconte dimezzato* (1952), *Il barone rampante* (1957) e *Il cavaliere inesistente* (1959), ha costruito con ironia un universo medievale immaginario popolato di personaggi dotati di sensibilità moderna. La sua riflessione morale sul nostro tempo si è tuttavia anche espressa in forme piú dirette, con i romanzi a sfondo realistico *La speculazione edilizia* (1957), *La nuvola di smog* (1958), *La giornata di uno scrutatore* (1963). Tra le sue opere piú recenti, sempre dominate dall'attenzione critica alla realtà odierna dell'individuo, alienato dall'incubo minaccioso della nuova civiltà tecnologica, *Le cosmicomiche* (1965) e *Ti con zero* (1967), veri e propri apologhi fantascientifici; *Le città invisibili* (1972), *Il castello dei destini incrociati* (1973), *Se una notte d'inverno un viaggiatore (1979), Palomar* (1983). Calvino è morto a Siena nel 1985.

Il bosco sull'autostrada

Il freddo ha mille forme e mille modi di muoversi nel mondo: sul mare corre° come una mandra° di cavalli, sulle campagne si getta come uno sciame° di locuste, nelle città come lama° di coltello taglia le vie e infila le fessure° delle case riscaldate. A casa di Marcovaldo[1] quella sera erano finiti gli ultimi stecchi°, e la famiglia tutta incappottata°, guardava nella stufa° impallidire le braci°, e dalle loro bocche le nuvolette salire a ogni respiro. Non dicevano piú niente; le nuvolette parlavano per loro: la moglie le cacciava° lunghe lunghe come

runs/herd

swarm

blade/penetrates the cracks

sticks

bundled up/stove

embers (pale because the dying embers are covered with ash)/ made

---

[1] **Marcovaldo** the protagonist of this collection of stories by Calvino.

sospiri°, i figliuoli le soffiavano° assorti come bolle° di
sapone, e Marcovaldo le sbuffava° verso l'alto a scatti°
come lampi di genio° che subito svaniscono.

Alla fine Marcovaldo si decise:—Vado per legna;
chissà che non ne trovi.—Si cacciò° quattro o cinque
giornali tra la giacca e la camicia, si nascose sotto il
cappotto una lunga sega dentata°, e cosí uscí nella notte,
seguito dai lunghi sguardi speranzosi dei familiari, man-
dando fruscii cartacei° a ogni passo e con la sega che
ogni tanto gli spuntava dal bavero°.

Andare per legna in città: una parola!° Marcovaldo si
diresse° subito verso un pezzetto di giardino pubblico
che c'era tra due vie. Tutto era deserto.

Marcovaldo studiava le nude piante a una a una pensando alla famiglia che lo aspettava battendo i denti°...

Il piccolo Michelino, battendo i denti, leggeva un libro
di fiabe°, preso in prestito° alla bibliotechina della
scuola. Il libro parlava di un bambino figlio di un
taglialegna° che usciva con l'accetta° per far legna
nel bosco°.—Ecco dove bisogna andare,—disse
Michelino,—nel bosco! Lí sí che c'è la legna!—Nato e
cresciuto in città non aveva mai visto un bosco, neanche
di lontano.

Detto fatto°, combinò° con i due fratelli: uno prese
un'accetta, uno un gancio°, uno una corda°, salutarono
la mamma e andarono in cerca di un bosco.

Camminavano per la città illuminata dai lampioni° e
non vedevano che case; di boschi, neanche l'ombra°.
Incontravano qualche raro passante, ma non osavano°
chiedergli dov'era un bosco. Cosí giunsero° dove fini-
vano le case della città e la strada diventava un'auto-
strada°.

Ai lati dell'autostrada i bambini videro il bosco: una
folta° vegetazione di strani alberi copriva la vista della
pianura°. Avevano tronchi fini fini[2], dritti o obliqui; e
chiome piatte e estese°, dalle piú strane forme e dai piú
strani colori, quando un'auto passando le illuminava coi
fanali°. Rami° a forma di dentifricio, di faccia, di formaggio, di mano, di rasoio°, di bottiglia, di mucca, di
pneumatico°, costellati da un fogliame° di lettere
dell'alfabeto.—Evviva!°—disse Michelino—questo è
il bosco!

E i fratelli guardarono incantati la luna spuntare tra
quelle strane ombre:—Com'è bello...—Michelino li ri-
chiamò subito allo scopo° per cui erano venuti lí: la

	sighs/blew/bubbles
	puffed, blew/in spurts
	strokes of genius
	he put (to protect himself
	from the cold)
	sharp-toothed saw
	rustlings of paper
	protruded from his coat collar
	easier said than done!/set out
	with their teeth chattering
	fairy tales/borrowed
	woodcutter
	hatchet, axe
	forest
	no sooner said than
	done/made a plan/hook/
	rope
	streetlights
	not a sign
	dared
	they arrived
	highway
	thick, luxuriant
	plain, flat, open space
	flat and broad foliage
	headlights/branches
	razor
	tire/surrounded by a foliage
	hurray!
	purpose

[2] **tronchi fini fini** they are not trees, but billboards mounted on wooden poles.

legna. Cosí abbatterono° un alberello a forma di fiore   *they cut down*
primula° gialla, lo fecero in pezzi e lo portarono a casa.   *primrose*

Marcovaldo tornava, vergognoso° di non aver trovato   *ashamed*
niente, quando trovò la stufa accesa.

—Dove l'avete preso?—esclamò indicando i resti
del cartello pubblicitario°, che, essendo di legno com-   *billboard/plywood*
pensato°, era bruciato molto in fretta.

—Nel bosco!—fecero i bambini.

—E che bosco?

—Quello dell'autostrada. Ce n'è pieno!°   (slang) *it's full of this!*

Visto che era cosí semplice e che si era di nuovo senza
legna, tanto valeva seguire° l'esempio dei bambini.   *they might as well follow*
Marcovaldo tornò a uscire° con la sua sega, e andò   *went out again*
sull'autostrada.

L'agente Astolfo della polizia stradale, era un po'
corto di vista°, e la notte, correndo in moto° per il suo   *nearsighted/on his*
servizio, avrebbe avuto bisogno degli occhiali; ma non lo   *motorcycle*
diceva, per paura d'averne danno° nella sua carriera.   *of suffering from it, of being*
    penalized for it/reported

Quella sera, viene denunciato° il fatto che sull'auto-
strada un branco di monelli° stava buttando giú° i car-   *a gang of little rascals,*
telloni pubblicitari. L'agente Astolfo parte d'ispezione°.   *hellions/knocking*
    down/sets out to have a
    look/forest/
Ai lati della strada la selva° di strane figure ammonitrici e gesticolanti[3] accompagna Astolfo, che le scruta a
una a una°, strabuzzando° gli occhietti miopi. Ecco che,   *studies them one by*
al lume del fanale della moto, sorprende un monellaccio   *one/squinting*
arrampicato° su un cartello. Astolfo frena°.—Ehi! che   *perched/brakes*
fai lí, tu! Salta giú° subito!—Quello non si muove e gli fa   *jump down/the boy seems to*
la lingua°. Astolfo si avvicina e vede che è la reclame°   *stick out his tongue at*
d'un formaggino, con un bamboccione° che si lecca le   *Astolfo/advertisement/*
labbra.—Già, già,—fa Astolfo, e riparte a gran car-   *plump child/*
riera°.   *at full speed*

Dopo un po', nell'ombra di un cartellone, illumina
una triste faccia spaventata°.—Alto là!° Non cercate di   *afraid/stop right there! Halt!*
scappare°!—Ma nessuno scappa: è un viso umano do-   *run away, escape*
lorante dipinto in mezzo a un piede tutto calli°: la re-   *calluses*
clame di un callifugo°.—Oh, scusi—dice Astolfo, e   *callus medication*
corre via.

Il cartellone d'una compressa contro l'emicrania° era   *headache pill*
una gigantesca testa d'uomo, con le mani sugli occhi dal   *out of pain*
dolore°. Astolfo passa e il fanale illumina Marcovaldo
arrampicato in cima°, che con la sua sega cerca di ta-   *on top*
gliarsene una fetta°. Abbagliato° dalla luce, Marcovaldo   *slice, piece/blinded*
si fa piccolo piccolo e resta lí immobile, aggrappato° a   *clinging to*

---

[3] **ammonitrici e gesticolanti**   with their expressions and gestures the figures on the
billboards invite passersby to buy the products they advertise.

un orecchio del testone, con la sega che è già arrivata a mezza fronte°.

Astolfo studia bene, dice: — Ah, sí: compresse Stappa! Un cartellone efficace! Ben trovato!° Quell'omino lassú con quella sega significa l'emicrania che taglia in due la testa! L'ho subito capito! — E se ne riparte soddisfatto.

Tutto è silenzio e gelo°. Marcovaldo dà un sospiro di sollievo°, si riassetta° sullo scomodo trespolo° riprende il suo lavoro. Nel cielo illuminato dalla luna si propaga lo smorzato gracchiare° della sega contro il legno.

halfway across the forehead

good idea!

freezing cold/sigh of relief
he settles back down/support, seat
muffled scraping sound (as Marcovaldo quietly resumes his work)

(From *I racconti*)

This story describes the ingenious attempt of one poor family of city-dwellers to scavenge some firewood to protect themselves from the cold. Calvino reminds us that there are children in the world who, growing up amidst the asphalt and cement of the city, have never seen a forest, and describes the search for firewood by a father and his sons in the "forest" of billboards that borders the highway. The conclusion is a happy one, due to the myopia and vanity of the policeman Astolfo.

Esercizi

A. Domande.

1. Perché in casa la famiglia di Marcovaldo sta tutta incappottata?
2. Cosa forma l'aria che esce dalla bocca di ciascun familiare?
3. Alla fine cosa decide di fare Marcovaldo?
4. Dove nasconde Marcovaldo la lunga sega dentata?
5. Perché la famiglia batte i denti?
6. Cosa ha preso in prestito il piccolo Michelino?
7. Che cosa suggerisce a Michelino l'idea di andare per legna nel bosco?
8. Perché Michelino non ha mai visto un bosco?
9. Con chi va nel bosco Michelino?
10. Come si presenta agli occhi dei bambini il bosco ai lati dell'autostrada?
11. Che forma hanno i rami del bosco?
12. Cosa videro spuntare i bambini tra quelle strane ombre?
13. Quando Marcovaldo tornò a casa, cosa stava bruciando nella stufa?
14. Dove va Marcovaldo quando esce la seconda volta?
15. Perché l'agente Astolfo non porta gli occhiali, pur avendone bisogno?
16. Cosa era stato denunciato alla questura?

17. Chi è il monellaccio arrampicato sul cartellone?
18. Cosa grida Astolfo alla triste faccia spaventata dipinta sul cartellone?
19. Da che cosa è rappresentata la reclame della compressa contro l'emicrania?
20. Quando il fanale di Astolfo illumina il cartellone, dov'è Marcovaldo?
21. Cosa fa Marcovaldo quando viene abbagliato dalla luce del fanale?
22. Cosa significa per Astolfo l'omino arrampicato sul cartellone?
23. Perché Astolfo se ne riparte soddisfatto?
24. Cosa fa Marcovaldo dopo che Astolfo è ripartito?

B. Traducete in italiano le espressioni in parentesi.
1. Quella notte il freddo *(cut like a knife)*.
2. Le idee di Roberto sono *(strokes of genius)*.
3. *(Easier said than done)* trovare la legna in città!
4. In casa *(the children's teeth were chattering)* per il freddo.
5. *(One by one)* uscirono tutti.
6. Ho visto case, palazzi, strade, ma di alberi *(not a sign)*.
7. Amo molto i boschi perché sono *(born and raised)* in campagna.
8. *(No sooner said than done)*, i bambini salutarono e uscirono di casa.
9. L'agente si fermò, ma subito ripartí *(at full speed)*.
10. L'agente gridò: *("Stop right there!")*.

C. Sostituite alle parole in corsivo la forma opposta, facendo i cambiamenti necessari.

ESEMPIO: *Non* dicevano *niente*.
           Dicevano *tutto*.

1. *Non* aveva *mai* visto boschi.
2. Incontrarono *qualche* passante.
3. Qui *non* c'e *nessuna* autostrada!
4. Gli alberi avevano tronchi *grossi grossi*.
5. Il legno era bruciato *in fretta*.
6. Ma *non* lo diceva a *nessuno*.
7. Ma *nessuno* scappa.
8. Marcovaldo si fa *piccolo piccolo*.
9. *Tutto* è silenzio.

D. Date l'infinito dei seguenti verbi.

1. dicevano	9. richiamò
2. cacciava	10. valeva
3. svaniscono	11. correndo
4. decise	12. scruta
5. usciva	13. si muove
6. combino	14. si avvicina
7. prese	15. resta
8. giunsero	

E. Argomenti per lo scritto e la conversazione.
    1. Dite come si sia passati dal bisogno di difendersi dalla natura al bisogno di difenderla.
    2. Gli effetti dell'ambiente urbano sui bambini: vantaggi e svantaggi.

Gina Lagorio

(1930 –   )

Nata nel 1930 a Bra, in provincia di Cuneo, in Piemonte, è una delle maggiori narratrici italiane contemporanee. Ha insegnato a lungo nelle scuole superiori, a Savona, in Liguria. Trasferitasi a Milano negli anni Settanta, è moglie di uno dei piú celebri editori italiani, Livio Garzanti. I suoi racconti (*Il polline*, 1966) e romanzi (*Approssimato per difetto*, 1971; *La spiaggia del lupo*, 1977; *Fuori scena*, 1979; *Tosca dei gatti*, 1983) mettono in primo piano le vicende di donne che scontano sino in fondo la propria condizione femminile e lottano, spesso invano, per la propria dignità e libertà. Nei romanzi, un solido impianto realistico si unisce all'analisi attenta, affettuosa, della psicologia dei personaggi. Gina Lagorio è anche saggista e studiosa di scrittori contemporanei (*Beppe Fenoglio*, 1970; *Sbarbaro, un modo spoglio di esistere*, 1981) e commediografa (*Raccontami quelle di Flic*, 1983).

Madri

La luce era discreta°: filtrava fra le tende° e le persiane° appena accostate°. — *delicate/curtains/shutters* — *touching each other*

Appoggiata° a tre cuscini, quasi seduta sul letto, piú che allungata°, la mamma dormiva. — *leaning* — *stretched out*

La bambina guardava, attraverso la fessura° della porta socchiusa°. I suoi occhi non si staccavano° da quel volto abbandonato nel sonno. Lei non sapeva il perché, ma vedere la mamma dormire le dava pena°. E quasi paura. Ma non si muoveva di là, trattenuta° dal suo amore tenace che non le faceva distogliere° gli occhi. Aveva il cuore stretto°: quel volto spento°, senza la vita imperiosa dello sguardo, le dava il senso, da lei avvertito° come un inquieto disagio°, che bisognava aiutare la mamma, difenderla. — *crack* — *half-closed/did not leave* — *was painful* — *held back* — *move away* — *tight (with anxiety)/lifeless* — *felt/uneasiness*

Non sapeva da che cosa, e per questo la guardava con insistenza, quasi cercando.

Dal sonno, con un improvviso aprir d'occhi, la mamma passò al risveglio.

Un piccolo grido, ch'era un sospiro di sollievo°, e la bambina le si buttò° addosso. — *relief* — *threw herself*

Gina Lagorio. (Courtesy A.I.R.F., Roma. © Paola Agosti.)

«Piano, piano, ti prego... Lo sai che la testa mi fa male, se mi scuoti°.»   *shake*

La mamma aveva contratto dolorosamente la bocca. E solo allora la bambina si accorse° che forse le aveva   *realized* fatto paura, perché aveva intorno alla testa un fazzo-   *handkerchief* letto° legato stretto, fin sugli occhi, che non le aveva mai visto prima.

«Come stai, mamma? È passato?»

«Forse sí, se non mi muovo.»

La voce era stanca: il lungo sonno l'aveva sollevata°,   *had rested, relieved her* ma anche staccata° da tutto e ora riemergere le costava   *distanced, detached* fatica. Come se non si ritrovasse°.   *she didn't understand where she was/leaning toward* Vide accanto a sé il volto proteso° e ansioso della   *her/it was as if she were* bimba e fu come percorsa da una corrente°. Era lei   *crossed by an electrical* quella bambina. Era lei e sul letto, proprio lí, in quella   *current* posizione, con il capo fasciato°, c'era sua madre, con il   *bandaged* volto scavato° dal lungo soffrire.   *worn*

«Ti accomodo° i cuscini, mamma.»   *I'll fix, adjust*

La bambina si muoveva con gesti rapidi e gentili e lei fu a suo agio e si sentí meglio. Allora riudí° «quella   *she heard again* voce» ripetere attraverso la sua:

«Nessuna infermiera° è piú brava di te, figlia.»   *nurse*

E appena l'aria dette forma a quelle parole e capí che non lei aveva parlato, ma quella voce di dentro che si era   *had emerged* fatta strada° nel suo corpo, per esistere ancora, le la-   *flowed/sobs/trembling* crime corsero° rapide, senza singhiozzi° né sussulti° per il suo viso.

Aveva capito perché il suo risveglio era stato cosí strano; non da sola era emersa dall'incoscienza° del   *unconsciousness* sonno, non da sola e non lei.

La bambina ora la guardava, ammutolita° da quel   *silenced* pianto improvviso e lei vedeva la sua figlia piccina, come sua madre aveva guardata lei bambina. E le faceva tanta pena e si faceva pena: amarsi e lasciarsi cosí presto...

Ma non poteva parlare, spiegarle che il suo pianto era per la nonna, partita troppo presto... Le fece soltanto una carezza e l'attirò° a sé, perché fosse consolata.   *she drew her close*

Ma la bimba ora aveva gli occhi piú grandi e resisteva; con il mento° che le tremava nell'urgenza del pianto,   *chin* gridò:

«Oh, mamma, sembri la nonna!»

E poi si chiuse° tra le braccia della madre, tutto il   *she closed herself* corpo scosso° dai singhiozzi e ancora, a parole smozzi-   *shaken/stuttering* cate°:

«Quando era malata e la testa le faceva male. E voleva vicino solo te.»

Anche la bambina dunque aveva avvertito° quella   *had noticed*

presenza; ma già le lacrime si stavano asciugando° sulle   *were drying*
sue guance°: sentí che Lei° si allontanava, quietamente.   *cheeks/the grandmother*
   Poteva consolare ora la sua piccola figlia, poiché
aveva nel cuore il cuore di sua madre, a darle coraggio.
   Stava meglio e lo disse alla bimba:
   «Ecco, vedi, mi tolgo il fazzoletto e giro persino° la   *even*
testa, senza aver male. Ora ci vestiamo e usciamo insieme, al sole.»

(From *Il polline*)

This story is taken from the collection Il polline. *It describes the emotions of a child watching over her sick mother, and their shared memory of her maternal grandmother's death. It is a masterful and delicate description of the emotions of both mother and child.*

Esercizi

A. Domande.
   1. Com'è la luce della stanza?
   2. Che cosa fa la mamma?
   3. Che sentimenti prova la bambina guardando la mamma?
   4. Quando la mamma si sveglia, che cosa fa la bambina?
   5. Che cosa le dice la mamma?
   6. Che cosa vede la bambina attorno alla testa della mamma?
   7. Com'è la voce della mamma?
   8. Che cosa fa piangere la mamma?
   9. Come reagisce la bambina al pianto?
   10. La mamma può spiegare alla bambina il motivo del pianto?
   11. Che cosa riesce a intuire la bambina?
   12. Perché, alla fine della vicenda, la madre è in grado di consolare la figlia?

B. Scrivete i nomi che hanno la stessa radice degli aggettivi elencati di seguito.
   ESEMPIO: discreta
                  discrezione
   1. abbandonato   5. rapidi
   2. stanca   6. gentili
   3. lungo   7. brava
   4. ansioso   8. strano

C. Volgete al plurale le seguenti frasi, effettuando tutti i cambiamenti necessari.
   1. La luce era discreta.
   2. La mamma dormiva.
   3. La bambina guardava.
   4. La voce era stanca.
   5. Il lungo sonno l'aveva sollevata.

6. Era lei quella bambina.
7. La bambina si muoveva con gesti rapidi.
8. La bambina ora la guardava.

D. Argomenti per lo scritto e la conversazione.

1. Il racconto offre un esempio di amore di madre e di figlia. Spiegate qual è, a vostro avviso, la psicologia dei due personaggi e analizzatene le caratteristiche.

2. Nel racconto si allude al filo continuo di una tradizione familiare (nonna-madre-figlia) legata da un affetto costante. Pensate che ancor oggi siano possibili legami cosí stretti e profondi? Offritene qualche esempio.

Umberto Eco

(1932 –   )

Nato ad Alessandria, in Piemonte, nel 1932, è professore di Estetica all'Università di Bologna. Erudito, poligrafo, ha condotto ricerche in molteplici direzioni, dall'estetica medievale (*Il problema estetico in San Tommaso,* 1956; *Sviluppo dell'estetica medievale,* 1959), alla sociologia del costume e della cultura (*Opera aperta,* 1962; *Apocalittici e integriti,* 1964), alla semiologia (*La struttura assente,* 1968; *Le forme del contenuto,* 1971). Ha raggiunto fama internazionale col romanzo, a sfondo poliziesco, *Il nome della rosa* (1980), affascinante ricostruzione dell'universo e del pensiero medievale attraverso un'indagine su alcuni omicidi avvenuti in un convento. Insegna, attualmente, in Italia e negli Stati Uniti.

La biblioteca come labirinto

Prima di entrare in refettorio, facemmo ancora una piccola passeggiata nel chiostro°, per dissolvere i fumi del sonno all'aria fredda della sera. Vi si aggiravano° ancora alcuni monaci in meditazione. Nel giardino prospiciente° il chiostro scorgemmo il vecchissimo Alinardo da Grottaferrata, che ormai imbecille° nel corpo, trascorreva° gran parte della propria giornata tra le piante, quando non era a pregare in chiesa. Sembrava non sentire freddo, e sedeva lungo la parte esterna del porticato°.

Guglielmo gli rivolse alcune parole di saluto e il vecchio parve° lieto che qualcuno si intrattenesse° con lui.

«Giornata serena,» disse Guglielmo.

«Per grazia di Dio,» rispose il vecchio.

«Serena nel cielo, ma scura in terra. Conoscevate bene Venanzio°?»

«Venanzio chi?» disse il vecchio. Poi una luce si accese nei suoi occhi. «Ah, il ragazzo morto. La bestia° si aggira per l'abbazia...»

«Quale bestia?»

«La grande bestia che viene dal mare... Sette teste e dieci corna e sulle corna dieci diademi° e sulle teste tre nomi di bestemmia°. La bestia che pare un leopardo, coi

cloister, courtyard
were walking around
facing

feeble/spent

portico, colonnade

seemed/made conversation

the first victim of the unknown assassin
the Antichrist

diadems, crowns
blasphemous words

143

Donato Bramante. Santa Maria delle Grazie: chiostro. Milano. (Courtesy Archivio I.G.D.A., Milano.)

piedi come quelli dell'orso e la bocca come quella del leone... Io l'ho vista.»

«Dove l'avete vista? In biblioteca?»

«Biblioteca? Perché? Sono anni che non vado piú nello scriptorium° e non ho mai visto la biblioteca. Nessuno va in biblioteca. Io conobbi coloro che salivano alla biblioteca...»

«Chi, Malachia, Berengario?»

«Oh no...» il vecchio rise con voce chioccia. «Prima. Il bibliotecario che venne prima di Malachia, tanti anni fa...»

«Chi era?»

«Non mi ricordo, è morto, quando Malachia era ancora giovane. È quello che venne prima del maestro di Malachia ed era aiuto bibliotecario giovane quando io ero giovane... Ma nella biblioteca io non misi mai piede. Labirinto...»

«La biblioteca è un labirinto?»

«Hunc mundum tipice laberinthus denotat ille°,» recitò assorto il vegliardo°. «Intranti largus, redeunti sed nimis artus°. La biblioteca è un gran labirinto, segno del

144

labirinto del mondo. Entri e non sai se uscirai. Non
bisogna violare le colonne d'Ercole[1]...»

«Quindi non sapete come si entra nella biblioteca
quando le porte dell'Edificio[2] sono chiuse?»

«Oh sí,» rise il vecchio, «molti lo sanno. Passi per
l'ossario°. Puoi passare per l'ossario, ma non vuoi passare per l'ossario. I monaci morti vegliano°.»

crypt where the bones of the dead are preserved/keep watch, stand guard

«Sono quelli i monaci morti che vegliano, non quelli
che si aggirano di notte con un lume per la biblioteca?»

«Con un lume?» Il vecchio parve stupito°. «Non ho
mai sentito questa storia. I monaci morti stanno nell'ossario, le ossa calano° a poco a poco dal cimitero e si
radunano° lí a custodire il passaggio. Non hai mai visto
l'altare della cappella che reca° all'ossario?»

amazed

fall/they gather

leads

«È la terza a sinistra dopo il transetto[3], è vero?»

«La terza? Forse. È quella con la pietra dell'altare
scolpita con mille scheletri. Il quarto teschio° a destra,
spingi° negli occhi... E sei nell'ossario. Ma non ci vai, io
non ci sono mai andato. L'Abate non vuole.»

skull

push

«E la bestia, dove avete visto la bestia?»

«La bestia? Ah, l'Anticristo... Egli sta per venire, il
millennio è scaduto, lo attendiamo...»

«Ma il millennio è scaduto[4] da trecento anni, e allora
non venne...»

«L'Anticristo non viene dopo che sono scaduti i mille
anni. Scaduti i mille anni inizia il regno dei giusti, poi
viene l'Anticristo a confondere° i giusti, e poi sarà la
battaglia finale...»

rout, disperse

(From *Il nome della rosa*)

This passage is taken from the novel Il nome della rosa (*a recent bestseller in English translation as* The Name of the Rose). *The episode takes place in a Benedictine abbey in northwestern Italy in the winter of 1327, in the era of the Bavarian emperor Ludwig's invasion of Italy. The Franciscan monk William of Baskerville, with the aid of the young Dominican Adso of Melk, investigates a series of crimes that have disturbed the tranquillity of the monastery and are traced to a manuscript preserved in its labyrinthine and inaccessible library. In this passage the ancient monk Alinardo of Grottaferrata explains to William and to Adso how it is possible to enter the library without a key.*

[1] **colonne d'Ercole**   the pillars of Hercules were said to guard the confines of the inhabited world.

[2] **Edificio**   the library was housed in a separate building not connected to the principal structure of the monastery.

[3] **transetto**   *transept* (in a church in the form of a Latin cross, the lateral axis crossing the main nave).

[4] **il millennio è scaduto**   according to medieval apocalyptic tradition, the Antichrist would arrive one thousand years after the birth of Christ.

.rcizi

A. Domande.
1. Che cosa fanno i due protagonisti prima di entrare nel refettorio?
2. In quale momento della giornata ci si trova?
3. Chi vedono nel chiostro?
4. Chi trovano nel giardino?
5. Com'è descritto Alinardo?
6. Dov'è seduto?
7. Che cosa gli chiede Guglielmo?
8. Alinardo dà una risposta diretta?
9. Che cos'è la grande bestia?
10. Com'è descritta la bestia?
11. Chi saliva in biblioteca nei tempi passati?
12. Che cos'è, per Alinardo, la biblioteca?
13. Come si entra nella biblioteca senza passare dall'ingresso principale?
14. Perché i monaci morti vegliano nell'ossario?
15. Da che parte si entra nell'ossario?
16. Quando deve venire l'Anticristo?
17. Qual è la psicologia del vecchio Alinardo?
18. Che cosa tenta di sapere da lui Guglielmo?

B. Modificare le frasi seguenti dando valore impersonale al verbo mediante l'uso della particella pronominale _si_.
ESEMPI: Facemmo una passeggiata.
        Si fece una passeggiata.

        Mi rivolsi al vecchio.
        Ci si rivolse al vecchio.
1. Da anni vado in quella biblioteca.
2. Ridemmo tutti insieme.
3. Non mi ricordo del bibliotecario.
4. Esci stasera?
5. Non sapete dov'è la biblioteca?
6. Puoi passare per il giardino.
7. Ci radunammo tutti lí.
8. Avete mai visto una bestia cosí?

C. Completare le frasi seguenti usando le preposizioni _a_ e _di:_
1. Prima _____ entrare in chiesa, facemmo una passeggiata.
2. Il vecchio trascorreva le giornate _____ pregare.
3. L'uomo disse _____ non conoscere il ragazzo.
4. Guglielmo continuò _____ fargli domande per tutta la sera.
5. Disse _____ non ricordare nulla.
6. I due continuarono _____ parlare.

D. Argomento per lo scritto e la conversazione.

Prendendo spunto da questa originale esperienza investigativa volta verso il mondo affascinante del Medioevo, parlate del romanzo poliziesco come genere letterario.

Vocabulary

The vocabulary includes all words in the text and exercises with the following exceptions: most words and phrases used only once and explained in footnotes; easily recognizable cognates; articles, possessive adjectives, and pronouns; cardinal numbers up to 20; adjectives derived from regular verbs whose infinitives are listed; verb forms, except infinitives and certain forms of irregular verbs; most diminutives and absolute superlatives of nouns and adjectives already listed in the vocabulary; adverbs in *-mente* whose basic adjectival form is given.

Gender indications are given for all nouns ending in *-e* and for all irregular nouns. We use the following abbreviations:

m.	masculine	*pron.*	pronoun
f.	feminine	*adj.*	adjective
n.	noun	*adv.*	adverb
sing.	singular	*conj.*	conjunction
pl.	plural	*past abs.*	past absolute
irr.	irregular	*past part.*	past participle

A

a to, at, in, for, upon
abbandonare to abandon
abbandono abandonment, neglect
abbassare to lower
abbastanza enough
abbazia abbey
abbracciare to embrace, hug
abbraccio embrace
abitante *m.* inhabitant
abitare to live

abito suit, dress
abitudine *f.* habit, custom
abolire to abolish
abominio shame, disgrace
accadere *irr.* to happen
accalcarsi to crowd
accanire to enrage, infuriate
accanto a next to
accarezzare to caress
accendere *irr.* to light, burn
accennare (a) to mention (to)

accento accent

accesi (*past abs. of* **accendere**) I lit, burned

acceso (*past part. of* **accendere**) lighted, burned

accetta hatchet

accogliere *irr.* to receive, take in

accolto (*past part. of* **accogliere**) received, taken in

accompagnare to accompany

accontentare to meet the wishes of, satisfy

accorgersi (di) to notice

accostare to bring close together, bring near; **accostarsi** to approach

acqua water

acquistare to acquire

adagiarsi to lie down, make oneself comfortable

adagio *adv.* slowly

adattamento adjustment

addentro inside

addio goodbye

addirittura really

addormentarsi to fall asleep

addossarsi (a) to lean (on *or* against)

addosso on, upon, toward

aderire to adhere

adesso now

adoperare to use, wield

afa oppressive heat, sultriness

affacciarsi to appear, lean out *or* over

affascinare to fascinate, enchant, delight

affatto the least

affermare to affirm, state

afferrare to grab

affetto affection

affettuoso affectionate

affezionarsi (a) to become fond (of)

affliggere *irr.* to afflict, distress, trouble

affogare to drown

affrontare to face, confront

aggiungere *irr.* to add

aggrappare to grapple

aggregato united, joined

agiato well-to-do, comfortably off

agio ease; **sentirsi (essere) a proprio agio** to feel at one's ease

agitare to agitate, shake

agnello lamb

aiutare to help

ala wing

alare *m.* andiron

alba dawn

albergo hotel

albero tree

alcuno any

al di là beyond

allacciare to tie

allegria joy, gaiety

allegro gay, cheerful

allevare to raise

allontanare to remove, separate; **allontanarsi** to move away

allora then

allorché when

allungare to lengthen

almeno at least

alto high, tall

altrettanto likewise

altro other

altronde: d'altronde on the other hand, however

altrove elsewhere

alzare to raise; **alzarsi** to rise, get up

amante *m. & f.* lover

amare to love

amaro bitter

ambedue both

ambientare to set (a scene, a narrative)

ambiente *m.* circle, atmosphere

ambiguo ambiguous

ambizioso ambitious

ambo both

ambra amber

amica (female) friend

amico (male) friend

ammalato sick

ammassare to amass, pile up

ammettere *irr.* to admit

ammirare to admire

ammonimento warning

amore *m.* love

ampio ample
anche also, even, too
ancora still, again, more
andare *irr.* to go
angolo corner
angoscia anguish
anima soul
animare to animate, enliven
animosità animosity, rancor
anno year
annoiato bored
annunciare (annunziare) to announce
ansa bend
ansare to pant, gasp
ansia anxiety
anticamera waiting room
anticipare to give *or* do in advance
antico old
antipatia antipathy, dislike
antiquario antiquarian, dealer in
 antiques
anzi instead, rather; as a matter of fact
anzitutto first of all
apertura opening
apparire *irr.* to appear
apparso (*past part. of*
 apparire) appeared
appartenere to belong
appassionato passionate, ardent
appello call
appena just, barely, no sooner
appendere *irr.* to hang
appendicite *f.* appendicitis
appeso (*past part. of* **appendere**) hung
appoggiarsi to lean
apprendere to learn
approfondire to examine carefully, go
 into in depth
appunto exactly
aprire *irr.* to open
arancia orange
arancione orange (colored)
arboreo treelike
arco arch
arcuato bent
ardente ardent, burning
ardere to burn

argento silver
arguto sharp, shrewd
aria air; (operatic) aria
arido arid, dry
armato armed
arpeggiare to play like a harp
arrabbiarsi to get angry
arrampicarsi to climb
arrangiarsi to make do, get by
arricchire to enrich; **arricchirsi** to get
 rich
arrivare to arrive
arrossire to blush
arrovellarsi to get angry, get disturbed
arte *f.* art
artificio artifice
arto limb
arzillo spry, lively
asciugare to dry
ascoltare to listen
ascoltatore *m.* listener
asino donkey
aspettare to wait
aspettazione *f.* expectation
aspetto aspect, appearance
aspirare to aspire
aspro harsh, rough
assai enough
assalto assault, attack
asse *f.* board
assegnare to assign
assenza absence
assetato thirsty
assicurare to assure
assillare to goad, incite
assomigliare to resemble
assorbire to absorb
assorto (*past part. of*
 assorbire) absorbed
assumere *irr.* to assume, take on
assunto (*past part. of*
 assumere) assumed, taken on
assurdo absurd
atroce atrocious
attaccare to attach, fasten
attacco attack, assault
atteggiamento attitude

attendere *irr.* to wait
attento careful, attentive
atterrire to frighten
attesa expectation; **essere in attesa**
 di to be waiting for
atteso (*past part. of* **attendere**) waited
attimo moment
attirare to attract
attivo active
atto act
attore *m.* actor
attorno around
attraversare to cross
attraverso across
attrice *f.* actress
attuale present-day
audace audacious, bold
audacia boldness
augurio wish; **auguri!** best wishes!
aumento increase
austriaco Austrian
austro-ungarico Austro-Hungarian
auto *f.* car
autocarro truck
autore *m.* author
autostrada highway
avanguardia avant-garde
avanti forward
avanzare to be left over
avarizia greed
avere *irr.* to have
avidità greediness
avvenimento happening
avvenire *irr.* to happen
avvenire *m.* future
avvertimento warning
avvertire to warn
avviarsi to start walking
avvicinarsi to approach
avvilimento humiliation, depression
avvincere to bind, tie up
avvocato lawyer
avvolgere *irr.* to wrap up
avvolto (*past part. of*
 avvolgere) wrapped up
azzurro blue

B

babbo father, daddy
bacio kiss
baffi *m. pl.* mustache
bagliore *m.* glow
bagnante *m. & f.* bather, swimmer
bagno bath
balenare to flash
ballare to dance
ballerino dancer
ballo dance
bambagia cotton
bambina child, little girl
bambino baby, child
banca bank
bandiera flag
bandito bandit, criminal
barca boat
barone *m.* baron
base *f.* base
basso low
bastare (a) to be enough (for),
 suffice
bastone *m.* walking stick
battaglia battle
battagliero belligerent, warlike
battere to beat, strike
beato blessed, lucky
bellezza beauty
bello beautiful
benché although
bene *n.* good
bene *adv.* well
benessere *m.* well-being
bere *irr.* to drink
bestia beast, animal
bestiame *m.* cattle, herd of cattle
bevvi (*past abs. of* **bere**) I drank
biancheggiare to grow white
biancheria linen
bianco white
bibliofilo bibliophile, collector of
 books
biblioteca library
bibliotecario librarian
bicchiere *m.* glass

bicicletta bicycle
bidone *m.* can, drum (for gasoline)
biglietto ticket
biondo blond
bisogna it is necessary
bisognare to be necessary
bisogno need
bizzarro bizarre
bocca mouth
bocciatura flunking
bomba bomb
bomboniera candy box
bontà goodness
borbonico pertaining to the Bourbon
  royal family
bordo: a bordo on board
borgata slum
borghese bourgeois
borsa purse; **borsa di**
  studio scholarship
bosco woods
bosso boxwood hedge
bottone *m.* button
braccio arm
brandello fragment
brano passage
bravo good
breve brief
brevità brevity
brezza breeze
brigata group, company
brillío sparkle
bruciare to burn
brutto ugly
bucato laundry
buco hole
bue *m.* ox
bufera storm
buffo comic
bugia lie
buio dark
buono good
burla joke
burocrate *m.* bureaucrat
busta envelope
buttare to throw away

C

cabina booth
cadavere *m.* corpse
cadere *irr.* to fall
cagnetto small dog
calcolo calculation
caldo hot
calmante *m. mildly sedative herbal tea*
calmo calm
calpestare to trample
calvo bald
camera room, bedroom
cameriera maid
camicia shirt
caminetto fireplace
camminare to walk
cammino way, journey
camoscio chamois (leather)
campagna country, countryside
campagnolo rustic
campanello doorbell
campeggiare to camp
campo field; **campo di**
  concentramento concentration
  camp
canale *m.* canal, channel
cancello gate
candido white, snow-white
cane *m.* dog
canizie *f. sing.* gray hair, old age
cannonata discharge of a cannon,
  cannon shot
cantare to sing
canto song
cantuccio little corner
canuto white-haired, old
canzoniere *m.* collection of poems
capace able
capelli *(pl.)* hair
capello *(sing.)* (one single) hair
capire understand
capitano captain
capo head
capolavoro masterpiece
capovolgimento reversal
cappella chapel

cappello hat
cappotto coat
carattere *m.* character
carbone *m.* charcoal, coal
carezza caress
carica charge
carne *f.* meat, flesh
caro dear; costare caro to be expensive
carriera career
carrozza carriage
carta paper
cartoncino card
casa house, home
caserma barracks
caso chance; a caso by chance; non
  farci caso to pay no attention to it;
  per caso by chance
castello castle
castigo punishment
cataplasma *m.* poultice
catastrofe *f.* catastrophe
cattivo bad
cattolico Catholic
cattura capture
causa cause; a causa di because of
cavaliere *m.* gentleman
cavalleria chivalry
cavallo horse
cavo hollow
cella cell (of a prison, convent)
cena supper
cenere *f.* ash
centinaio hundred
centomila one hundred thousand
centro center, middle
cera wax
cercare to look for
cerchio circle
certezza certainty
certo *adv.* certain
cessare to stop
cestello basket
cetra lyre
che who, whom; that, which; what
che cosa what
chi who
chiacchierare to chat

chiamare to call; chiamarsi to be
  called
chiarezza clarity
chiarito cleared up
chiaro clear
chiarore *m.* glow
chiave key
chiedere *irr.* to ask; chiedersi to
  wonder
chierico cleric
chiesa church
chiesi (*past abs. of* chiedere) I asked
chiesto (*past part. of* chiedere) asked
chilometro kilometer
chimica chemistry
chinarsi to bend, bend down
chino bent
chioccio *adj.* hoarse
chiostro cloister, courtyard
chirurgo surgeon
chissá who knows
chissacché who knows what
chiudere to close
chiunque whoever, anyone, anybody
chiuso (*past part. of* chiudere) closed
ci *pron.* us, to us; ourselves, each other
ci *adv.* here; there
ciambella round cookie
ciascuno each one, every one
cibo food
cieco blind
cielo sky
cifra number
cima top
cimentarsi to risk, prove oneself
cimitero cemetery
cinismo cynicism
ciò that; ciò che what, which, that
  which
ciociara *peasant woman from the
  Ciociaria (a region south of Rome)*
cioè that is
circa about, approximately
circolare to circulate
circonflesso circumflex
circostanza circumstance
citare to cite

città city
cittadina small town
cittadino citizen
civile civil, civilized
clamoroso noisy
clemenza clemency, mercy
cocchiere *m.* coachman
coda tail
cogliere to grasp, gather
cognato brother-in-law
cognizione *m.* knowledge,
  acquaintance
coincidere to coincide
colazione *f.* breakfast
collegio boarding school
collina hill
collocare to place
colma full
coloritura coloring
coloro they, those who
colpire to hit, strike
colpo blow
coltre *f.* blanket
combattere to fight
come how
comico comical
cominciare to begin
commedia comedy, farce
commendatore *m.* commander, knight
  (*sometimes used as an honorary or*
  jocular title)
commensale *m.* table companion
commerciale commercial
commercio commerce
commiato leave-taking, farewell
commissione *f.* errand; committee
commosso moved
commozione *f.* emotion
commuovere to move
comodità comfort
compaesano fellow townsman
compagnia company
compagno companion; **compagno di**
  classe classmate
compare *m.* kinsman, friend
compendiare to abridge, summarize
compenso compensation, reward

comperare to buy
compiere to complete
complesso complex
complicare complicate
comporre *irr.* to compose
comportamento behavior
compratore *m.* buyer
comprendere *irr.* to understand
compressa pill
comune common
comunicare to communicate
comunque in any event
con with
concedere *irr.* to concede
concentrazione *f.* concentration
concesso (*past part. of*
  concedere) conceded
concetto concept
conchiglia shell
concludere *irr.* to conclude, accomplish
condannato condemned
condurre *irr.* to lead, take
confermare to confirm
confinato exiled
confine *m.* border
conflagrare to burn
confluire to flow together
conformare to conform
confronto comparison
congestionarsi to blush
congestione *f.* swelling
conoscere *irr.* to know
consacrare to consecrate
consegnare to bring, deliver, hand over
conseguenza consequence
conseguire to result
consenso consent
conservare to keep, retain
considerare to consider
considerevole considerable
consiglio counsel, advice
consolare to console
consolazione *f.* consolation
consolidare to consolidate
contadina peasant woman
contadino farmer, peasant
contare to count

conte *m.* count
contentare to satisfy
contessa countess
continuo continuous
conto account, bill; **fare i conti** to settle the bill; **rendersi conto (di)** to realize
contraddittorio contradictory
contrariato annoyed, disappointed
contrario contrary
contribuire to contribute
contro against
convegno conference
convincere *irr.* to convince; **convincersi** to become convinced
coperta blanket
copione *m.* script
coprire *irr.* to cover
corna *f. pl.* horns
cornacchia crow
corona crown
corpo body
correggere *irr.* to correct
correre *irr.* to run
corridoio corridor
corriere *m.* messenger; mail, post
corrispondere *irr.* to correspond
corsa run, rush; **di corsa** in a hurry
corte *f.* court
corto short
corvo raven
cosa thing
coscienza conscience, consciousness
cosí so, thus, likewise, like this, in this way; **cosí cosí** so so
costeggiare to go along the coast
costituire to constitute
costringere *irr.* to oblige, force
costruire to build
costui he; **costei** she
costume *m.* custom; **costume da bagno** bathing suit; **il buon costume** *(in a moral sense)* public morality
creare to create
creatore, creatrice *m., f.* creator
creatura creature; little child

credere *irr.* to believe
crepare *(slang)* to die
crepuscolo twilight
crescera *irr.* to grow
crescita growth
cripta crypt
crisi *f.* crisis
croce *f.* cross
crocifiggere to crucify
crollare to collapse
crollo collapse
crudele cruel
crudo raw
cuccetta (sleeping) berth
cucchiaio spoon
cucina kitchen
cugina (female) cousin
cugino (male) cousin
cui whom, which, to whom, **la cui** whose, of which
culla cradle
cuore *m.* heart
cupo dark, somber
cura care
curare to look after, tend
cuscino cushion, pillow
custodire to store, guard, protect

D

da by, from, to, for, of, since, with, as at
danzatore *m.* dancer
dapprima at first
dare *irr.* to give
data date
davanti (a) before, in front (of)
davvero really, as a matter of fact
debole weak
debolezza weakness
decadentismo Decadentism
decadere to decay
decente decent
decidere *irr.* to decide; **decidersi (a)** to make up one's mind; resolve (to)
decisivo decisive
decrepito decrepit
dedicare to dedicate
definire to define

definitivo definitive
deformazione *f.* deformation
delicatezza delicacy
delicato delicate
delirare to be in delirium
delizia delight
deludere *irr.* to disappoint
delusione *f.* disappointment
deluso (*past part. of*
  deludere) disappointed
denaro money
denso dense
dentifricio toothpaste
dentro inside
denuncia report
denunciare to report
denutrito undernourished
deportare to deport
deprecare to deprecate
derivare to derive
derubare to rob
descrivere to describe
deserto desert
desolato desolate
destare to awaken
destinare to destine
destro right; **a destra** on the right, to
  the right
detto (*past part. of* **dire**) said, told
devastazione *f.* devastation
di of, in, with, for, on, about
dialetto dialect
diario diary
diavolo devil
dichiarare to declare
diedi (*past abs. of* **dare**) I gave
dietro behind, after
difendere *irr.* to defend
difetto defect
diffondere to circulate; **diffondersi** to
  spread
dignità dignity
dignitoso dignified
digrignare to grimace
dilatato opened wide
dileggiare to make fun of
diletto delight, pleasure

dimenticare to forget
dimezzato cut in half
dimissione *f.* resignation
dinanzi before
Dio God
dire *irr.* to say, tell
diretto (*past part. of* **dirigere**) directed
dirigere *irr.* to direct
diritto *n.* right (side)
diritto *adj.* straight
disagio uneasiness
disanimare to discourage
disciogliere to untie, loosen
discorso speech, conversation
discostare to remove
disegno design, plan
disfare *irr.* to undo
disperato desperate
dispiacere to displease
disprezzare scorned, despised
disprezzo scorn
dissacrare to desecrate
disseminare to scatter
dissenso dissent
dissesto financial difficulty, failure
dissi (*past abs. of* **dire**) I said, told
dissidio controversy
dissipare to dissipate
dissolvere to dissolve
distacco detachment
distendere *irr.* to stretch out
distinguere *irr.* to distinguish
distrarre *irr.* to distract
disumano inhuman
dito finger
ditta company
divano couch, sofa
divenire *irr.* to become
diverso different
divertente amusing
divertire to amuse; **divertirsi** to have
  a good time
dividere *irr.* to divide
divisa *n.* uniform
divulgare to spread abroad, make
  known
dolce *adj.* sweet

dolcezza sweetness
dolorante aching
dolore *m.* pain
doloroso painful
domanda question
domandare to ask
domani tomorrow
donna woman
dopo after
dopodomani the day after tomorrow
dopoguerra *m.* the postwar period
dopotutto after all
doppio double
dormire to sleep
dotato gifted, talented
dove where
dovere *m.* duty
dovere *irr.* to have to, must
dovuto *adj.* due
drammaturgo playwright
dritto straight
dubbio doubt
dubitare to doubt
duca duke
duna dune
dunque therefore
durante during, for
duro hard

E

ebbene well, so
ebraico Jewish
ebreo Jew
eccentrico eccentric
eccesso excess
ecco here, here are, there is, that's it,
  that explains it, suddenly
ed and
edilizia pertaining to building
editore *m.* publisher, editor
edizione *f.* edition
educazione *f.* good manners, education
effettivo effective
effetto effect
efficace effective
eguagliare to equal
eguale equal

elastico elastic, flexible
eleganza elegance
elevare to elevate
elevazione *f.* elevation
emarginato outcast
emergere *irr.* to emerge
emerso (*past part. of*
  emergere) emerged
emettere *irr.* to emit
emigrazione *f.* emigration
eminente eminent
emisi (*past abs. of* **emettere**) I emitted
emotivo emotional
emozione *f.* emotion
empire to fill
emporio store
enorme enormous
entrambi both
entrare to enter; **che c'entra?** What
  does that have to do with it?; **che
  c'entro io?** What do I have to do
  with it?
entro within
epoca epoch, age
eppoi and then
eppure and yet
erba grass
erede *m.* heir
errare to wander
erta steep street
erudito erudite
esagerare to exaggerate
esalare to exhale
esame *m.* exam
esaurire to exhaust
esclamare to exclaim
escludere *irr.* to exclude
escluso (*past part. of*
  escludere) excluded
esercitare to exercise
esigenza need
esigere *irr.* to demand
esistenza existence
esistere to exist
esitare to hesitate
esito result
esordire to begin, make one's debut

esortare to exhort
esperto expert
esplosione *f.* explosion
esplosivo explosive
esponente exponent
espresso (*past part. of* **esprimere**) expressed
esprimere *irr.* to express
essa she
essenza essence
essere *m.* being
essere *irr.* to be
estate *f.* summer
estendersi to extend oneself
esterno external
estero abroad
estivo in summer
estraneo stranger
età age
evitare to avoid
evocare to evoke
evocativo evocative

F

fabbrica factory
faccenda affair
facchino porter
faccia face
facile easy
faló bonfire
falso false
fama fame
fame *f.* hunger
fanale *m.* streetlamp; headlight
fanciulla girl
fanciullo boy
fantasticheria daydream
fanteria infantry
fare (far) *irr.* to make, do; **fare da** to serve as, to act as; **fare per** to be about to
farfalla butterfly
fasciare to wrap, bandage
fascismo Fascism
fatica fatigue
faticare to struggle
fattezza feature

fatto fact; **stare per i fatti suoi** to mind one's own business
fatto (*past part. of* **fare**) made, done
favilla spark
favoleggiare to tell a story
fazzoletto handkerchief
febbre *f.* fever
fedele loyal
felicità happiness
femminile feminine
feria holiday
fermaglio clasp
fermare to stop; **fermarsi** to stop
fermo still, stopped, standing
ferocia ferociousness
ferro iron
fertile fertile
fessura crack
festa party
festeggiare to celebrate
feudo estate
fiaba fairy tale
fiabesco fabulous, fairy-tale-like
fiaccola torch
fiamma flame
fiancheggiare to flank
fidanzarsi to get engaged
fiele *m.* gall, rancor
fiera fair
figlia daughter
figlio son
figliuolo son, boy, child
filo thread
fin until, even; **fin da** since
finanziario financier
finché until, while
fine *f.* end
fine *m.* goal, aim
finestra window
finestrino window (train *or* bus)
finezza elegance
finimondo end of the world, ruin
finire to finish
fino *adj.* fine, subtle
fino until, even; **fino a** until
fiore *m.* flower
fiorire to bloom

firmare to sign
fischiettare to whistle
fisso fixed
fiume *m.* river
flaccido flacid
foglia leaf
folla crowd, throng
follia madness
folto thick
fondamentale fundamental
fondare to found
fondo *n.* bottom; **fondo** *adj.* deep; **in fondo** basically
forestiero foreigner
forma form
formaggio cheese
formare to form
formica ant
forse perhaps
forte strong
fortuito chance
fortuna chance
forza force, energy
forzato forced
foschia haze
fotografia photograph
fra between, among, in, through
fracasso noise, din
frammisto mixed in, intermingled
francese French
frase *f.* sentence
fratello brother
frattanto meanwhile
frazione *f.* fraction
freddo cold
frequentare to frequent
fretta: in fretta in a hurry
friulana from Friuli
fronda leafy branch
fronte *f.* forehead
fronte *m.* front; **di fronte** across the street
frutta fruit
fucile *m.* rifle
fuga flight, escape
fuggire to flee
fulminare to strike, mow down

fumigare to fumigate
fumo smoke
funerario funerary
fungo mushroom
funicolare *f.* streetcar line
fuoco fire
fuor *See* **fuori.**
fuori out, outside; **fuori di** except for; **fuori di sé** beside oneself; **dal di fuori** from outside
furbizia shrewdness, cleverness
furbo shrewd

G

gabinetto office, study
gaio merry, gay
gallone *m.* stripe, insignia
gamba leg
gatto cat
gattopardo leopard
gelare to freeze
gelato *adj.* ice-cold
gelo frost, cold
generare to generate
genere *m.* kind
genitore *m.* parent
gente *f.* people
gentile kind
gesto gesture
gesuita *m.* Jesuit
gettare to throw
getto spout; **di getto** at once, at a single stroke
ghiaccio ice
ghiaia gravel
già already
giacca jacket
giacché since
giallo yellow
gianduiotto chocolate candy
giardino garden
ginepro juniper
ginestra broom-plant
ginocchio knee; **in ginocchio** kneeling
giocare to play
giocattolo toy
giocoso playful, jocular

gioia joy
gioiello jewel
giornale *m.* newspaper
giornalismo journalism
giornata day (a whole day)
giorno day
giovane *m. & f.* young person
giovane *adj.* young
giovanile youthful
giovanotto young man
gioventú youth
giovinezza youth
girare to turn; **girarsi** to turn around
giro turn; **andare in giro** to walk
  around; **in giro per** traveling around
gita trip, excursion
giú down
giudicare to judge
giungere *irr.* to arrive, reach
giunsi (*past abs. of* **giungere**) I
  arrived, reached
giunto (*past part of* **giungere**) arrived,
  reached
giuntura joint
gioco game
giustificare to justify
giusto right
gnomo gnome
goccia drop
godere to enjoy
goffo awkward
gola throat
gonfio swollen
gonna skirt
governare to govern
grado degree; **essere in grado di** to be
  in a position to; **30 gradi di**
  calore temperature of 30°C.
gran *See* **grande.**
grande big
grasso fat
grata grateful
gratuito free
grave serious
grazia grace, charm
grazie! thank you!
graziosa pretty, graceful

greco Greek
greve heavy, oppressive
gridare to shout
grido shout
grigio gray
grigioverde greenish-gray
grosso big; fat
grotta cave
guancia cheek
guanto glove
guardare to look; **guardarsi** to look at
  each other
guardia guard
guarire to heal
guerra war

I

ieri yesterday
ignaro (di) ignorant (of), unaware (of)
ilare cheerful
illudere to delude, deceive
illuminare to illuminate
illusione *f.* illusion
imbecille *m. & f.* imbecile
imbellettato made up
imboccare to enter
imbroglio mix-up
immaginario imaginary
immagine *f.* image
immeritato undeserved
imminente imminent
immobile immobile
immobilità immobility
immutabile immutable
impallidire to grow pale
imparare to learn
impareggiabile unequaled
impaziente impatient
impazzire to go crazy
impedire (di) to prevent (from)
impegno commitment, pledge
imperniare to hinge upon, base
impero empire
impianto installation
impiegare to use
implorare to implore
imporre *irr.* to impose

impresa enterprise
impressionante striking
impronta mark, impression
improvviso sudden
impulso impulse
inabitabile uninhabitable
inatteso unexpected
inaudito unprecedented, unheard-of
incancellabile indelible
incantare to fascinate, enchant
incarico charge, duty
incerto uncertain
inchiesta inquiry
inchiodare to nail down
incidente *m.* accident
incominciare to begin
incomparabile incomparable
incomprensibile incomprehensible
inconoscibile unknowable
inconsciamente unconsciously
incontrare to meet; **incontrarsi** to meet each other
incontro meeting
incrostato encrusted, covered
incubo nightmare
incursione *f.* incursion
indescrivibile indescribable
indicare to indicate
indietro behind, back, backward
indifferente indifferent
indignazione *f.* indignation
indimenticabile unforgettable
individuare to specify, single out
individuo individual
indole *f.* temperament
indossare to wear
indugiare to delay, postpone
inedito unpublished
inenarrabile indescribable
inesistente nonexistent
inesorabile inexorable
infallibile infallible
infantile infantile
infanzia infancy
infaticabile indefatigable, tireless
infausto unlucky
infelice unhappy

infelicità unhappiness
infermiera nurse
infermiere *m.* male nurse
infilare to thread; **infilarsi** to slip on
infine finally
infinitamente infinitely
infinito infinite
inflessione *f.* inflection
infliggere *irr.* to inflict
informare to inform
informatore *m.* informer
ingabbiare to shut in a cage
ingannare to trick
inganno trick
ingegnere *m.* engineer
ingegneria engineering
ingenuo naive
inghiottire to swallow
ingigantire to magnify, exaggerate
inginocchiarsi to kneel
ingiustizia injustice
ingrandire to enlarge
ingrossare to enlarge, swell
inguantato gloved
iniziare to begin
inizio beginning
innamorato: essere innamorato (di) to be in love (with)
inno hymn
innocuo innocuous
innovazione *f.* innovation
innumerevole innumerable
inoltre furthermore
inquieto restless
inquilino tenant
inquinare to contaminate
insegnamento teaching
insegnante *m. & f.* teacher
insegnare to teach
inseguire to follow
insensibile insensitive
insieme together
insignificante insignificant
insolito unusual
insomma in short
instancabile tireless
intanto meanwhile

intendere *irr.* to understand;
  c'intendiamo you understand what
  I mean
intenso intense
interessare to interest; **interessarsi** to
  take an interest in
interminabile endless, interminable
interno internal
interrare to bury
interrompere *irr.* to interrupt
intervallo interval
intervenire *irr.* to intervene
intervento intervention
intervista interview
intessere to weave, entwine
intorno (a) around
intraprendere *irr.* to undertake
intrecciare to weave, braid
introdurre *irr.* to introduce
introspezione *f.* introspection
inutile useless
invano in vain
invece instead
inventare to invent
inverno winter
invero truly
inviare to send; **inviato**
  speciale special correspondent
invidia envy
invidiare to envy
invitare to invite
involucro wrapping
ira anger
irlandese Irish
ironia irony
irradiamento radiation
irraggiungibile unreachable,
  unattainable
irreale unreal
isolare to isolate
ispezionare to inspect
istupidire to stun, stupefy

L

là there; **di là** over there; **piú in
  là** later on; **al di là** beyond
labbro lip

lacrima tear
ladro thief
laggiú down there
lago lake
lagrima (*pref.* **lacrima**) tear (*as
  weeping*)
lama di coltello knife blade
lamentarsi (di) to complain (about, of)
lamento complaint
lamina thin metal plate *or* layer
lampada lamp
lampadina lightbulb
lampo flash; **lampo di genio** flash of
  genius
lanciare to throw, thrust
lancio lance
landa prairie
languido languid
lapide *f.* tombstone, memorial tablet
largo wide
lasciare to leave
lassú up there
lastricare to pave
lato side; **da un lato** on one side
latte *m.* milk
laurea university degree
laurearsi to graduate
lavare to wash; **lavarsi** to wash oneself
lavorare to work
lavoratore worker
lavoro work
leccare to lick; **leccarsi le labbra** to
  lick one's lips
ledere to harm
legame *m.* tie
legare to tie
legge *f.* law
leggere *irr.* to read
leggero light
legna firewood
legno wood
lei she
lento slow
leone *m.* lion
lessi (*past abs. of* **leggere**) I read
lesso boiled meat *or* stew
lettera letter

letterato man of letters
lettere *f. pl.* letters, literature
letto bed
lettura reading
levare to raise, lift; **levarsi** to get up
liberale liberal
libero free
libreria bookstore
libro book
lieto happy
lieve light
ligure Ligurian
lí lí per about to
limpidezza clarity
limpido clear
linea line
lingua tongue; language
linguaggio language
lino linen
lí per lí at that moment, on the spur of
the moment
lira *(money)* lira, the monetary unit of
Italy
liscio smooth
litigare to quarrel
località place
lode *f.* praise
lontano far away
lontra otter
lotta struggle
lottare to struggle
luccicare to shine
luce *f.* light
lucente shining
lucidezza shininess
lume *m.* lamp, light; **lume a**
petrolio kerosene lamp
luminoso luminous
luna moon
lungo long; **a lungo** at length, for a
long time
luogo place
lupo wolf
lutto mourning

M

ma but
macabro macabre

macchia spot, stain
macchina machine, car; **macchina da
scrivere** typewriter; **scrivere a
macchina** to type; **battere a
macchina** to type; **andare in
macchina** to drive
madre *f.* mother
maestro schoolteacher, master
magari perhaps, if only, even
maggiore larger
maglio knitting
maglione *m.* sweater
magrezza thinness
magro thin
mah but, well
mai never, ever; **non mai** never
malamente poorly
malato sick
malattia sickness
malavita underworld, low life
male *m.* harm, wrong
male *adv.* badly; **sentirsi male** to feel
sick
maledetto (*past part. of*
maledire) cursed
maledire to curse
malessere *m.* malaise, ailment
malgrado in spite of
mancanza lack
mancare to lack, be missing
mancia tip
mandare to send
mandra herd
mangiare to eat; **fare da mangiare** to
cook
maniaco maniac
maniera manner
mano *f.* hand; **dare la mano** to shake
hands; **fuori di mano** out of the way
mantello cape
mantenere *irr.* to maintain
maraviglia *See* meraviglia.
marciapiede *m.* sidewalk
mare *m.* sea
marinaio sailor
marino of the sea, marine
marito husband
maschera mask

massacrare to massacre

massimo utmost; **al massimo** at the very most

materia matter, subject

materiale *adj.* material

matrice matrix

matrimonio marriage, wedding

mattina morning; **di mattina** in the morning

mattino early morning

matto crazy

meccanico mechanic

medaglia medal

medesimo same

medicina medicine

medievale medieval

meglio *adv.* better; **meglio di prima** better than before

mela apple

memorabile memorable

memoria memory

menare to lead

menda defect

meno less; **a meno che** unless; **non potere fare a meno di** not to be able to do without

mente *f.* mind

mentire to lie

mentre while, during

menzogna lie

meraviglia wonder, marvel

meravigliare to amaze, astonish

meridionale *adj.* southern

meritare to deserve; **meritarsi** to be entitled to

merito merit

mese *m.* month

messo (*past part. of* **mettere**) put, placed

mestiere *m.* trade, occupation

metà half

metamorfosi metamorphosis

metro meter

mettere *irr.* to put; **mettersi** to put on

mezzo half

mica *colloquial for* **non**

migliaio thousand

migliore better

mignolo little finger

mille one thousand

minaccia threat

minacciare to threaten

minaccioso threatening

minore less, younger

minorile minor

minuzioso minute, scrupulous

mira aim

miseria poverty

misi (*past abs. of* **mettere**) I put

misto mixed

misura measure

mito myth

mobile *m.* mobile, moving

moda fashion

modo way

moggio measure of capacity generally equal to eight bushels

moglie *f.* wife

molla firetongs

molto much; **molti** many

momento moment; **dal momento che** in view of the fact that

monaco monk

mondano worldly

mondo world

monetario monetary

monosillabo monosyllable

montagna mountain

montare to mount, climb

monte *m.* mount, mountain

mordere *irr.* to bite

morire *irr.* to die

mormorare to murmur

morte *f.* death

mostrare to show; **mostrarsi** to reveal oneself, come out

movenza movement, bearing

movere *See* **muovere.**

mucca cow

mucchio heap

mula mule

muovere *irr.* to move; **muoversi** to move, get moving, start

muraglia wall

muro wall; **muro di cinta** surrounding wall

muscolo muscle
mutare to change

N

nacqui (*past abs. of* **nascere**) I was born
narice *f.* nostril
narratore *m.* narrator
nascere *irr.* to be born
nascondere *irr.* to conceal;
  nascondersi to hide
nascosi (*past abs. of* **nascondere**) I
  concealed
naso nose
nastro lace
natale *adj.* native
natìo native, innate, natural
nato (*past part. of* **nascere**) born
naturale natural
naufragio shipwreck
naufrago shipwrecked person
nave *f.* ship
nazisti *m. pl.* Nazis
ne of it, of them, some
né *conj.* or, nor
neanche not even
nebbia fog
nebulosa nebula, star cluster
negare to deny
negazione *f.* negation
nemico enemy
nemmeno not even
neppure not even
nero black
nervo nerve
nessun *See* **nessuno**.
nessuno no one, nobody
netto clean, neat
neutralità neutrality
neve *f.* snow
nevralgia headache
nido nest
niente nothing
nientemeno no less than
nipote *m. & f.* grandson,
  granddaughter, nephew, niece
nitido clean
noi we

noia boredom
nolo rental
nomina nomination, appointment
non not
nonché not only
nonna grandmother
nonno grandfather
nonostante despite, notwithstanding
nonsenso nonsense
nordico Nordic, northern
nota *n.* note
notare to note
notevole considerable
notizia piece of news
noto well-known
notorietà notoriety
nottata night
notte *f.* night
notturno nocturnal
Novecento twentieth century
novella short story
novità novelty
novo *See* **nuovo**.
nube *f.* cloud
nulla nothing
nullità nothingness
numero number
nuovo new; **di nuovo** again, once more
nuvola cloud

O

o or
o... o either . . . or
obbligo obligation
obliterare to obliterate
occasione *f.* occasion, chance
occhiali *m. pl.* glasses
occhialuto bespectacled
occhiata look, glance
occhio eye
occorrere *irr.* to need, be necessary
occupare to occupy; **occuparsi (di)** to
  attend (to)
odiare to hate
idierno today's; present-day
odio hatred
odore *m.* smell

oggi today

ogni each, every; **ogni tanto** once in a while

ognuno each one

oltre beyond; **oltre a** besides

ombra shade, shadow

ombrellone *m.* beach umbrella

omicidio homicide

onda wave

ondata wave, *(fig.)* horde

onde *adv.* whence

ondeggiamento waving, wavering

ondeggiare to sway, flicker

onere *m.* burden

onore *m.* honor

operaio worker

operare to operate

ora hour; **l'ora di andare a letto** bedtime; **che ore sono?** what time is it?; **non vedo l'ora...** I can't wait . . .

oramai by now

orario schedule

ordigno weapon

orecchio ear

organismo organism

orlo edge, border

ormai *See oramai.*

ornamento ornament

oro gold

orologio watch

orso bear

osare to dare

oscillare to oscillate

oscurità obscurity

oscuro obscure, dark

ospite *m. & f.* guest

osservare to observe

ossesso obsessed

ossia that is

osso bone

ottenere to obtain

ottimo very good, excellent

ove where

P

pacco package

pace *f.* peace

padre *m.* father

paesaggio landscape

paesano fellow townsman

paese *m.* town, country, land

paga salary

pagare to pay

pagina page

paglia straw

paio pair

palcoscenico stage

palla ball

pallore *m.* pallor, paleness

palo pole

paludoso swampy

panchetta bench

pancia belly

pantofola slipper

pappagallo parrot

parassita *m.* parasite

parecchio a good deal

parente *m. & f.* relative

parere *m.* opinion

parere *irr.* to seem; **che te ne pare?** what do you think?

parete *f.* wall

parola word

parte *f.* part, role, side; **a parte** apart (from), except for; **da questa parte** in this direction **dalle tue parti** in your part of the world; **d'altra parte** on the other hand; **la maggior parte** the majority

partecipare to participate, take part

partenza departure

partire to leave

partito party

parvenza appearance

passante *m.* passerby

passare to pass

passeggiata walk, stroll

passo step; **a due passi** just around the corner; **di questo passo** at this rate

pasticcio mess

pasto meal

patire to suffer

patrizio patrician
pattinare to skate
paura fear; **aver paura (di)** to be afraid (of)
pavimento floor
paziente *adj.* patient
paziente *m.* patient
pazienza patience; **avere pazienza** to be patient
pazzia madness
pazzo mad, crazy
pedalare to pedal
pedale *m.* pedal
peggio worse
peggiore; il peggiore the worst
pelliccia fur
pena suffering; **valere la pena** to be worth while, be worth the trouble
pendere to hang, tilt, lean
pendìo slope
penetrare to penetrate
penoso painful
pensare (a) to think (of, about)
pensiero thought
pensione *f.* pension, boarding house
pensoso thoughtful
pentirsi to be sorry
perbene respectable, well-bred
percentuale *f.* percentage
perché because, why
perciò therefore
percorrere *irr.* to travel, go along
perdere *irr.* to lose; **pedersi** to lose one's way
perdono pardon
perenne perennial
perfino even
pericolo danger
pericoloso dangerous
perlomeno at least
permettere (di) to permit, allow; **permettersi (di)** to take the liberty (of)
però however, but
perpetrare to perpetrate
persecuzione *f.* persecution
persi (*past abs. of* **perdere**) I lost

persino even
persistere to persist
perso (*past part. of* **perdere**) lost
personaggio character
persuadere *irr.* to persuade, convince
pesante heavy
peso weight
pessimo very bad
pestare to pound, crush
petto breast, chest
pezzo piece
piacere *m.* pleasure
piacere *irr.* to please; **fare un piacere** to do a favor; **per piacere** please
piangere *irr.* to cry
piano floor
pianta map, plant
pianto crying
pianura plain
piatto plate
piazza square
piccino small
piccione *m.* pigeon
piccolo small
piede *m.* foot
piega fold
piegare to fold
pieghevole folding
pieno full
pietoso sad, pitiable
pietra stone
piovere *irr.* to rain
pipa pipe
piroscafo steamship
pittore *m.* painter
piú more
piuttosto rather
pizzicare to sting
placido placid, calm
planare to glide
platea (*theater*) pit, spectators in the pit
plenilunio full moon
po' *See poco.*
poco little
poesia poetry, poem
poeta *m.* poet

poggiare to place
poggio hill
poi then
poiché since
polemizzare to engage in polemics
poliedrico versatile, many-sided
polizia police
poliziesco relating to the police
poliziotto policeman
polmone *m.* lung
polso wrist
poltrona armchair
pomeridiano afternoon
pomeriggio afternoon
ponte *m.* bridge
popolato populated
popoloso populous
poppa stern
porco pig
porre *irr.* to put, place
porta door
portare to carry
porto port
portone *m.* gate
posare to place, put down
posata piece of silverware
posateria silverware
posi (*past abs. of* porre) I put, placed
posizione *f.* position
possedere *irr.* to own
possessore *m.* owner
possibile possible
postazione *f.* emplacement (of a gun
  or radar)
posteriore rear
posto place
posto (*past part. of* posare) placed,
  put down
postumo posthumous
potente *m. n.* powerful
potere *m.* power
potere *irr.* to be able (to), can
povero poor
pranzo dinner
pratica: in pratica in practice, actually
prato field
precedente preceding

precedere to precede
precipitare to rush; precipitarsi to
  rush
preciso precise
preda victim
pregare to pray
preghiera prayer
pregiudizio prejudice
prelato prelate
preludiare to point toward, be a sign
  (of)
prematuro premature
premere to press, push
premiare to reward
premio prize
prendere *irr.* to take
presagio sign, premonition
presentare to introduce, present
presenza presence
presi (*past abs. of* prendere) I took
preso (*past part. of* prendere) taken
presso close, near, at, from
prestabilito preestablished
presto soon, early
pretesto pretext
prevalente prevalent
prevalenza prevalence
prevedere *irr.* to foresee
previsto (*past part. of*
  prevedere) foreseen
prezioso precious
prezzo price
prigione *f.* prison
prigioniero prisoner
prima before; prima di before; prima
  che before; meglio di prima better
  than before
primavera spring
principe *m.* prince
principessa princess
principio beginning
privilegiare to privilege
privo lacking
proclamare to proclaim
procurare to procure
prodigio prodigy
produrre *irr.* to produce

profondo deep
progresso progress
proiettare to project
prolungare to prolong
promesso (*past part. of*
  promettere) promised
promettere *irr.* to promise; **promettere**
  di + *inf.* to promise
pronuncia pronunciation
pronunciare to pronounce
propiziatorio propitiatory
proporre *irr.* to propose
proporzione *f.* proportion
proposito intention; **a proposito** by
  the way
proposta proposal
proprietà property
proprio *adj.* own, proper
proprio *adv.* exactly, really
prora prow
prosatore *m.* prose writer
prosciugare to drain
proseguire to continue
prosperare to prosper
prossimo next
prostrarsi to prostrate oneself, lie down
proteggere *irr.* to protect
prova test
provare to test
proverbio proverb
provinciale provincial
provviste provisions
psicanalisi *f.* psychoanalysis
pubblicare to publish
pudico reserved, shy
pugno fist
pulire to clean
pungere *irr.* to bite, sting
puntata installment; **a puntate** in
  installments
punto point
pupazzesco puppetlike
pure also, even, besides
purgare to purge
purtroppo unfortunately
putrido putrid

Q

qua here
quaderno notebook
quadrato square
qualche some, a few
qualcosa something
qualcuno someone
quale which, who, whom
qualora in case
qualsiasi any
qualunque any, whatever
quando when
quartiere *m.* neighborhood
quasi almost, nearly
quel, quello that
questo this
questurino plainclothes police officer
qui here
quietare to calm down
quieto quiet
quindi therefore
quotidiano daily

R

racchiudere to hold, contain
raccogliere *irr.* to collect
raccolta collection
raccolto harvest
reccontare to tell
racconto story
radere *irr.* to raze; **radersi** to shave
radicale radical
radice *f.* root
rado rare
radunare to gather, collect
raffinato refined
rafforzare to reinforce
ragazza girl
ragazzo boy
raggio ray
raggiungere *irr.* to reach, achieve
raggiunto (*past part. of*
  raggiungere) reached, achieved
ragione *f.* right, reason
ragno spider
ramo branch

rampante climbing
rancore *m.* resentment
rapina robbery
rapire to steal
rapporto relationship
raro rare
rassegnare to resign
rattoppare to patch up
ravvivare to revive
razza race
razziale racial
reale real
reato crime
recarsi to go
reciproco reciprocal
recitare to act, recite
reclino reclining
redattore editor
refettorio dining room
refrattario resistant, inflexible
regalare to give
reggere *irr.* to hold up, stay up, support the weight of
regione *f.* region
regista *m.* director
regno kingdom
regola rule
relativo relative
relazione *f.* relation
remoto remote
rendere *irr.* to render, make; **rendersi conto** to realize
resistere to resist
reso *(past part. of* **rendere**) rendered, made
resoconto summary
respiro breath
ressa crush
restare to stay, be, remain
restituire to return, give back
resto: del resto moreover, besides
retorica rhetoric
riabbassare to lower again
riapparire *irr.* to reappear
riaprire *irr.* to reopen
riavere *irr.* to have again, get back

ricadere *irr.* to fall again
ricchezza wealth
ricerca research
ricevere to receive
richiamare to call again
richiesta request
richiudere *irr.* to close, close again
richiusi *(past abs. of* **richiudere**) I closed, closed again
ricomparire to reappear
ricomporsi *irr.* to collect oneself
riconoscere *irr.* to recognize
ricordare to remember
ricordo memory
ridere *irr.* to laugh
ridiscendere *irr.* to come down again, go down again
ridurre (a) *irr.* to reduce (to)
riemergere *irr.* to reemerge
riempire *irr.* to refill
rientrare (in) to return (to), belong (to)
riferimento reference
rifiutare to refuse
rifiuto refusal
riflessione *f.* reflexion
riflettere *irr.* to reflect
rifugio refuge
riga line
rigo line
riguardare to look over; **riguardare (a)** to have regard (to)
rileggere *irr.* to reread, read again
rilievo importance
rilucere to shine
rimanere *irr.* to remain, stay
rimasi *(past abs. of* **rimanere**) I remained, stayed
rimasto *(past part. of* **rimanere**) remained, stayed
rimbambire to enter one's second childhood; behave childishly
rimorso remorse
rimproverare to scold
rimuovere *irr.* to remove, repress
rincasare to return home
ringiovanire to grow young again

rinnovamento renewal
rintanarsi to shut oneself up, hide
rintracciare to trace, track down
rinuncia renunciation
rinunciare to renounce, give up
rione neighborhood, part of a city
ripartire to leave again
ripensare to think over
ripetere to repeat
riporre *irr.* to put back
riportare to bring back, take back
riposare to rest
riposo rest
riprendere *irr.* to take again, begin again
ripresi (*past abs. of* **riprendere**) I took again, began again
ripubblicare to republish
risalire to go up again, go back
risata laugh
riscaldare to warm up
riscuotere *irr.* to rouse, receive payment of
riso (*from* **ridere**) n. laugh
rispettabile respectable
rispondere *irr.* to answer
risposi (*past abs. of* **rispondere**) I answered
risposta answer
risposto (*past part. of* **rispondere**) answered
risveglio awakening
ritardo delay
ritenere *irr.* to consider, detain
ritinto dyed again
ritirare to get, take; **ritirarsi** to withdraw
ritornare (a) to return (to)
ritratto portrait
ritrovare to find again
riudire *irr.* to hear again
riuscire *irr.* to succeed, manage
riuscito (*past part. of* **riuscire**) succeeded, managed
rivarcare to cross again
rivedere *irr.* to see again
rivelare to reveal

rivestire to reinforce, cover
rivisitare to visit again
revista magazine
rivivere *irr.* to live again
rivolgere (a) *irr.* to turn toward, address
rivoltare to turn over, turn inside out
rivoltella revolver; **colpo di rivoltella** gunshot
rivoluzione *f.* revolution
roba things, goods
robusto robust, strong
romanziere *m.* novelist
romanzo novel
rompere *irr.* to break
rondine *f.* swallow
rosso red
rossore *m.* redness
rotolare to roll
rottura break
rovesciare to turn, overturn
rovina ruin
rovo thorn, briar
rubare to steal
rubicondo ruddy
rude rough, coarse
ruga wrinkle
rumore *m.* noise
rumoroso noisy

S

sabbia sand
sabbiosa sandy
sacro holy
saggio wise
saggistica essay writing
sala room
salice *m.* willow tree
salire *irr.* to climb, get in
salone *m.* large hall, reception room
salotto parlor, living room
saltare to jump, skip
salutare to greet, say goodby to
salute *f.* health
salvare to save
salvo safe
sangue *m.* blood
sano healthy

sapere *irr.* to know
sapone *m.* soap
sarcasmo sarcasm
sasso stone
sassoso stony, rocky
satira satire
sbagliare to make a mistake
sbattere to slam
sbilenco cross-eyed, crooked look
sboccare to come out into, empty (of a river)
scadere *irr.* to expire
scala staircase
scambiare to confuse
scanno bench
scarnificata torn, mutilated
scarpa shoe
scatola box
scatto release, sudden jerk
scavare to dig, excavate
scegliere *irr.* to choose
scelsi (*past abs. of* **scegliere**) I chose
scendere *irr.* to go down, get off
sceneggiatura scenario, movie script
scesi (*past abs. of* **scendere**) I went down, I got off
scheda index card, form
scheletro skeleton
scherzare to joke
schiudere *irr.* to open
schiuma foam
schivo reluctant, bashful
scia trail, wake
sciagura misfortune
scialbo weak
sciame swarm
sciocco silly, foolish
sciogliere *irr.* to dissolve
sciolsi (*past abs. of* **sciogliere**) I dissolved
scippo purse-snatching, mugging
scivolare to slip
scolpire to sculpt
scomporre *irr.* to break up, agitate
sconforto depression, sorrow
scontare to pay
scontroso ill-tempered, irritable

sconvolgere to upset
scorperchiare to uncover
scopersi (*past abs. of* **scoprire**) I discovered
scoperta discovery
scoppiare to explode
scoppio explosion, burst
scoprire *irr.* to discover
scopritore *m.* discoverer
scorciatoia shortcut
scorgere *irr.* to perceive, discover
scorrere *irr.* to roll along, glide
scorso last
scossa shake
scottare to burn
screanzato rude, unmannerly
scritto (*past part. of* **scrivere**) written
scrittore *m.* (male) writer
scrittrice f. (female) writer
scrittura writing
scrivania desk
scrivere *irr.* to write
scrupolo scruple
scrutatore *m.* investigator
scuotere *irr.* to shake
scuro dark
scusare to excuse; **scusarsi** to excuse oneself
sdraiare to stretch out at full length
se if, whether
se him, himself, her, herself, it, itself
se stesso himself
sebbene even though
secco dry
secondo second
sedere *irr.* to sit, be seated; **sedersi** to sit, sit down
sedia chair
sega saw
segnare to mark
segno sign
segreto secret
seguire to follow, result
seguitare to continue
seguito (*past part. of* **seguire**) followed
seguito *n.:* **di seguito** immediately afterwards

sembianza appearance, aspect
sembrare to seem
semenza seed
seminudo half-naked
semivuoto half-empty
semplice simple
semplificare to simplify
sempre always
sensibilità sensibility
senso sense
sentenziare to sentence
sentiere See *sentiero.*
sentiero path
sentimento sentiment
sentire to feel
sentore *m.* inkling
senza without
senz'altro certainly
seppellire to bury
seppia cuttlefish
sera evening
serbare to keep, bear, save
sereno serene
serio serious; **sul serio** seriously
serrare to close
servire to serve
servitore *m.* server
servizio service
servo servant
sete *f.* thirst
settimana week
sfavillare to sparkle, flash
sfiduciato discouraged
sfogliare to leaf through, glance at (a book, magazine)
sfondo background
sfortunato unfortunate
sforzo effort
sfuggire *irr.* to escape
sgabello stool
sguardo look
si *(impers. pron.)* one, we
sguinzagliare to unleash
sibillino enigmatic
sicurezza security, safety
sicuro certain, sure
significare to signify

signore *m.* Sir, gentleman
signorina Miss, girl, unmarried woman
silente silent
silenzio silence
silenzioso silent
sillaba syllable
simile *adj.* similar
simile *m.* fellow-creature
simpatico nice
sindacato trade union
singhiozzo sob
singolo single
sinistro left; **a sinistra** on the left
sino a until
sintomo symptom
sirena siren
sistemare to settle, put in order
sito site
situarsi to be located
smarrire to lose
smascherare to unmask
smentire to deny
smettere (di) *irr.* to stop
smisi *(past abs. of* **smettere***)* I stopped
smistamento sorting
smisurato enormous
smorfia grimace
sobrio sober
socchiudere *irr.* to half close
socchiuso *(past part. of* **socchiudere***)* half closed
socio member
soddisfare to satisfy
soddisfatto *(past part. of* **soddisfare***)* satisfied
soffio breath
soffitta attic
soffitto ceiling
soffocare to suffocate
soffondere *irr.* to suffuse
soffrire to suffer
soffuso *(past part. of* **soffondere***)* suffused
soggetto subject
soggiorno stay
soglia threshold
sognare to dream

sogno dream
solare solar
soldato soldier
soldi *m. pl.* money
soldo cent, coin of small value
sole *m.* sun
solere *irr.* to be accustomed to
solito usual; **di solito** usually
sollevare to raise
sollievo relief
solo alone
soltanto only
somigliare to resemble
sommare to add up; **tutto sommato** all things considered
sommergere *irr.* to submerge, overwhelm
sonno sleep
sopportare to bear, endure
sopra on, above, on top of
sopraccarta envelope
sopracciglio eyebrow
soprattutto especially
sopravvivere *irr.* to survive
sordo deaf
sorella sister
sorgere *irr.* to rise
sorgivo of a spring
sorpassare to pass
sorprendere *irr.* to surprise
sorridere *irr.* to smile
sorrisi (*past abs. of* **sorridere**) I smiled
sorriso smile
sorte *f.* lot, destiny
sortire to draw, receive as one's lot
sorto (*past part. of* **sorgere**) risen
sospendere *irr.* to suspend
sospeso (*past part. of* **sospendere**) suspended
sospirare to sigh
sospiro sigh
sostanza substance
sostegno support
sostenere *irr.* to sustain, support
sostituire to substitute
sottile subtle, thin
sottintendere to imply

sotto under, below, beneath; **al di sotto di** beneath
sottolineare to underline
sottoproletario subproletariat
sottrarre *irr.* to subtract
sottufficiale petty officer
sovrapporre to place over, put on top of
spagnolo Spanish
spalancare to open wide
spalla shoulder
spalliera back (*of a chair, etc.*)
sparare to shoot
sparatoria shooting
spargere *irr.* to scatter
sparso (*past part. of* **spargere**) scattered
sparire to disappear
sparpagliare to scatter
spazio space
specchio mirror
specie *f.* kind
speculazione *f.* speculation
spedire to send
speditamente right away, promptly
spedizione *f.* expedition
spendere *irr.* to spend
speranza hope
speranzoso hopeful
sperare (di) to hope
sperdere *irr.* to lose, drive away
sperimentare to try out, test
speso (*past part. of* **spendere**) spent
spesso often
spettacolo show
spettare (a) to belong (to), be the duty *or* concern (of)
spettatore *f.* spectator
spezzare to break, split
spia spy
spiaggia beach
spiccioli *m. pl.* change
spiegare to explain
spiegazione *f.* explanation
spietato merciless
spingere *irr.* to push
spinsi (*past abs. of* **spingere**) I pushed
spinto (*past part. of* **spingere**) pushed

spogliare to despoil, plunder;
  spogliarsi to take off one's clothes
spolverare to dust off
sporgere *irr.* to stick out, project;
  sporgersi to lean out
sportello window (carriage), door
  (auto, bus, train)
sposa wife, bride
sposare to marry; **sposarsi** to get
  married
spossessare to dispossess
spregiudicatezza open-mindedness
spuntare to appear
spunto point of departure, starting
  point
sputare to spit
squadrare to look at squarely
squillare to ring
stabilire to establish; **stabilirsi** to get
  settled
staccare to remove
stagione season
stalla stable
stamattina this morning
stampare to print
stampo stamp, mold, kind
stancare to tire
stanchezza fatigue
stanco tired
stanza room
stare *irr.* to stay, stand, be
starnutire to sneeze
stavolta this time
stazione *f.* station
stella star
stemperarsi to melt, dissolve
stendere *irr.* to stretch, lay out
sterminato endless
sterpaglia thicket
steso (*past part. of*
  stendere) stretched, laid out
stesso same
stilizzazione *f.* stylization
stimolare to stimulate
stizza irritation
stizzire to irritate, vex
stordimento confusion

storto crooked
strada street, road
stradale pertaining to the street
stranezza strange
straniero foreigner
strano strange
strascicato dragged
strato layer
straziare to torture
stretta embrace, grasp
stretto narrow, tight
stretto (*past part. of*
  stringere) squeezed, tightened
stringere *irr.* to squeeze, press
strumento instrument
studio study
su on, over, in, about
subito immediately
succedere *irr.* to happen
successivamente subsequently
successo *n.* success
successo (*past part. of*
  succedere) happened
sud *m.* south
suggerire to suggest
suicida suicide
suoi: i suoi his *or* her family
suocero father-in-law
suonare to play
suonatore *m.* player
suono sound
suora nun
superare to overcome
superficie *f.* surface
superstite *f.* survivor
superstizioso superstitious
supremo supreme
sussultare to start, tremble
sussurrare to whisper
svagato distracted
svanire to vanish
sveglia alarm clock
svegliarsi to awaken
sveglio awake
svelare to reveal
svelto quick
svista oversight

T

taccuino notebook
tacere *irr.* to be silent
taciturno taciturn
tacqui (*past abs. of* **tacere**) I was silent
tagliare to cut
taglio cut
tale such
talmente so
talpa mole
taluno certain
tangibile tangible
tanto so, such, so much, in any case
tappa stage
tappeto rug
tardare (a) to be late (for, in)
tardi late
tarlare to gnaw
tasca pocket
tavola table
tavolo table
tazza cup
tè *m.* tea
teatrale theatrical
tedesco German
telefonista telephone operator
telegrafo telegraph
tema *m.* theme
tematica thematic material
temere to fear
temperamento temperament
tempio temple
tempo time
tenace tenacious
tenda tent
tendenza tendency
tendere *irr.* to tend, stretch, hold out
tenente *m.* lieutenant
tenere *irr.* to hold
tenerezza tenderness
tenero tender
tentare (di) to try (to)
tentativo attempt
terminare to terminate
termine *m.* term, aim, end
terra land, earth
terrazzo terrace

terreno terrain
terzo third
tesi *f.* thesis
tessere to weave
testa head
tetto roof
timbro timber
tingere *irr.* to dye
tinnire to jingle, ring
tinta color, dye
tirannia tyranny
tirare to pull
tizzo brand, coal
toccare to touch
togliere *irr.* to take, take away
tolda deck (of a boat)
tolsi (*past abs. of* **togliere**) I took, took away
tolto (*past part. of* **togliere**) taken, taken away
tomba tomb, grave
tonalità tonality
tono tone
torcere *irr.* to twist; **torcersi** to wring, writhe
torcia torch
torma crowd
tormentare to torment, torture
tormentoso tormenting, acutely painful
tornare to return
torpido torpid
torto wrong
tossire to cough
totalmente totally
tra between, among, in, through
traccia trace
tracciare to trace
tradurre *irr.* to translate
traduttore *m.* translator
traduzione *f.* translation
tralasciare to overlook
trama plot
tramestio confusion
tramontare to set
tramonto sunset
tranquillitá tranquillity
trarre *irr.* to take out

trascorrere *irr.* to spend
trascorso (*past part. of*
   trascorrere) spent
trascrizione *f.* transcription
trasferire to transfer; **trasferirsi** to
   move away
trasformare to transform
trasloco move
trattamento treatment
trattare to treat
tratteggiare to sketch
trattenere *irr.* to detain
tratto stretch
traversare to cross, go across
tremare to tremble
treno train
trenta thirty; **gli anni Trenta** the
   thirties
tribú *f.* tribe
tricolore *m.* tricolor; **il Tricolore** the
   Italian flag
triestino Triestine, person from Trieste
trilogia trilogy
trina lace
trincea trench
triplice triple
triste sad
tristezza sadness
troppo too much; **troppi(e)** too many
trovare to find
tumultuario tumultuous, riotous
turbare to disturb
tuttavia nevertheless, yet
tutto all, every

U

ubriaco drunk
uccello bird
uccidere *irr.* to kill
udire *irr.* to hear
ufficiale *m.* official
ulivo olive tree
ulteriore ulterior, further
ultimo last
umile humble
umore *m.* mood
umoristico humorous

unire to unite
unto greased
uomo man
urgenza urgency
urlo shout
usare to use
uscio door, doorway
uscire *irr.* to go out
uscita exit
utilità utility

V

vacanza vacation
vacillare to vacillate
vagante wandering
vagare to wander
valere *irr.* to be worth
valigia suitcase
vallata valley
valle *f.* valley
vallone *m.* valley
valore *m.* value
valzer *m.* waltz
vampa flame
vano *n.* opening
vano *adj.* empty, vain
vantare to praise; **vantarsi** to boast
variegare to change, vary
vaso vase
vassoio tray
vecchia old woman
vecchio old man
vedere *irr.* to see
vegetale *adj.* vegetal, vegetable
veglia vigil, wakefulness
veleno poison
velenoso poisonous
veliero sailboat
vellutato velvety
velo sail
veloce swift
vena vein
vendere to sell
venire *irr.* to come
ventina (about) twenty
vento wind
ventre *m.* belly, womb

verde green
verdura vegetables, greens
veristico *pertaining to the school of verism*
verità truth
vero true; **vero e proprio** actual, honest-to-goodness
verosimile lifelike
versante *m.* tendency
versione *f.* version
verso toward, about, around
vestaglia bathrobe
veste *f.* suit
vestire to wear
vestito dress
vetrata glass window
vetro glass, windowpane
vi there
via street, way
viaggiare to travel
viaggiatore *m.* traveler
viaggio trip
viale *m.* avenue
vicenda affair
vicino near
vidi (*past abs. of* **vedere**) I saw
vigliacco coward
villa villa, country house
villeggiatura vacation
vincere *irr.* to win
vino wine
vinto (*past part. of* **vincere**) won
viola purple
viscerale visceral
viscere *f. pl.* bowels
visconte *m.* viscount

visibile visible
viso face
vista view
visto (*past part. of* **vedere**) seen
visuale *adj.* visual
vita life
vite *f.* vine
vittima victim
vitto food
vivace vivacious
vivacità vivacity, liveliness
vivere *irr.* to live
vivo alive
viziare to spoil
vocabolo word
voce *f.* voice
voglia desire
volentieri willingly, gladly
volere *irr.* to wish, want
volgere *irr.* to turn
volontario voluntary
volontà will
volta time
voltare to turn
volto *n.* face
volto (*past part. of* **volgere**) turned
vorace voracious
vortice *m.* whirlpool
voto grade

Z

zampa paw
zio uncle
zitto quiet
zuppa soup